선교사 시리즈 9

두 갈래 길
Two Ways

이 계 절 지음

도서출판 **밀알서원**

도서
출판 **밀알서원**

밀알서원(Wheat Berry Books)은 **CLC**가 공동으로 운영하는
복음주의 출판사로서 신앙생활과 기독교문화를 위한
설교, 시, 수필, 간증, 선교·경건 서적 등을 출판하고 있습니다.

Two Ways

Written by
Gyegeol Lee

Korean Edition
Copyright © 2016 by Wheat Berry Books
Seoul, Korea

추천사 1

진기영 박사
영국에딘버러대학교 선교학 박사, 인도 UBS 신학교 교수

이 책은 다음 세 가지 점에서 매우 독특하고 흥미로운 책이다.

첫째, 처음부터 끝까지 대화체로 진행된다. 딱딱한 학문적인 글도, 여행객의 단순한 체험기도 아니고 다양한 현지인 기독교인들과 저자와의 의미 있는 대화로 구성되어 있다. 내용이 흥미로운 것은 현지인 등장인물과 그 대화 상대자인 저자 사이에 시종일관 팽팽한 긴장감이 맴돌기 때문이다. 기본적으로는 상호 이해와 존중, 그리고 배려하는 마음을 엿볼 수 있으나 각기 다른 입장 차이로 인한 치열한 논쟁이 종종 벌어진다. 저자는 마치 그리스 청년들을 일깨우기 위해 말벌의 역할을 자처하며 대답하기 곤란한 질문을 제기했던 소크라테스와 같이 인도의 기독 청년들이 자신과 교회와 선교와 사역을 돌아보도록 도전한다. 인도 기독교인들을 불편하게 만드는 질문의 연속, 그 질문에 '대답'(또는 저자의 공격에 '방어')하는 형식의 대화는 이 책을 끝까지 흥미진진하게 하는 요소가 된다.

둘째, 이 책은 인도 선교 실패의 원인에 대해 새로운 관점을 제시하고 있다. 전통적으로 인도 선교가 어려운 이유는 카스트 제도의 장벽과 우상숭배의 뿌리가 깊은 힌두교 신앙 때문이라고 말한다. 그리고 대부분 인도가 힘들고, 인도의 사회적, 종교적 장벽이 높아서 선교가 어렵다고 본다. 그러나 저자는 인도와 인도인이 문제가 아니라 인도 기독교인과 선교사가 문제라고 본다. 그는 무엇보다 인도 기독교회와 전도자(또는 선교사)가 가지고 있는 서구문화가 전도의 최대 장벽이라고 말한다. 초대교회 때 팔레스타인에 머물던 기독교가 유대인의 범위를 넘어서 그리스인과 로마인의 종교, 세계의 종교로 발돋움할 수 있었던 것은 유대 문화의 장벽을 허물고 오직 복음(진리)만을 전했기 때문인데, 현대의 선교는 도리어 서구문화라는 높은 장벽을 쌓아 올림으로써 스스로 복음 전도를 막고 있다는 것이다. 복음(진리)보다 서양문화를 전하기 때문에 그것이 장애가 되어 선교가 안되고 있다는 것을 저자는 끊임없이 상기시키고 있다.

저자의 통찰은 이미 많은 선교학자들이 일관되게 말하고 있는 바이지만 인도 교회 및 선교 현장에서는 너무나 거리가 먼 이야기이다. 인도 교회와 선교사들의 대부분은 서구문화, 서구적 전통을 마치 유일한(정통적인) 선교방법인 양 받들고 있어서 선교를 근본적으로 막고 있는 문화적 장벽에 대한 인식조차 없다. 이 장애물을 거두지 않는 한 인도에 그 많은 재정과 인원을 쏟아부어도 하나님 나라를 세우는 일에는 아무런 변화를 주지 못한다.

한 가지 예로 대부분의 인도 기독교인과 외국 선교사들은 고기 먹는 식습관을 기독교 문화로 인식하고 이것을 바꾸려 들지 않는다. 그들은 개종자들이 고기 먹는 (기독교?) 문화를 받아들이기를 기대하지 자신들이 고기 먹는 문화를 버릴 생각은 하지 않는다. 그러니 채식을 하는 대부분의 상층 카스트에게는 원천적으로 복음 전도의 문이 막힌 것이다. 이는 인도 기독교인과 선교사들이 현지인의 문화에 맞추어 성육신적 선교를 하지 않기 때문이다. 음식 문화는 빙산의 일각이고 이와 같이 굳어진 서구문화의 장벽은 너무 많아서 셀 수가 없을 정도이다. 인도인 전도자와 외국 선교사 자신이 현지인이 혐오하는 이방 문화를 가득히 가지고 있으면서 고치지 않고 인도문화를 바꾸려 한다.

저자는 이 비극적인 일이 어떻게 인도 기독교인의 생활과 교회와 사역에 가득한지 생생하게 보여준다. 인도 기독교인과 외국 선교사들의 고질적인 문제를 생각하면 가슴이 답답해지지만 이 책을 읽으면서 한편으로 희망의 빛줄기를 본다.

셋째, 이 책이 흥미진진한 이유인데, 서구문화에 중독되어 인도인의 정체성을 잃고 '문화 전도사'일만을 하던 사람들이 저자와의 대화를 통해 마침내 바뀌는 모습을 볼 수 있다. 그들의 눈을 가로막고 있던 비늘이 조금씩 떨어져 나간다.

저자는 서구문화 실패의 원인을 지적할 뿐만 아니라 어떻게 인도적인 복음을 전해야 할 것인가에 대한 대안을 제시하고 있다. 그는 성경에 위배되지 않는 인도의 용어와 문화를 채택하라고 한다. 즉 인도인들에게 거부감이 없는 쌋쌍(인도 전통 예배 형식)의 방법과 이야기 전도법이다. 이는 저자가 오랫동안 바라나시의 가정 교회에서 사용하던 방법으로 오늘날 많은 인도 전도자들이 효과를 인정하고 있는 '예슈박따' 전도방법이다. 이것은 근대 서구 선교가 시작되기 전 1,500년 동안 인도 도마교회에서 사용했던 방법이었고, 근대 500년간 전통 서구문화를 바탕으로 한 선교방법의 한계를 인식한 브라마반답 우빠디아이, 수바라오, 다야난드 바라띠와 같은 많은 전도자들에 의해 남인도와 북인도에 조용하지만 강력하게 일어나고 있는 선교운동이다.

 이 책은 성육신적 관점에서 보면 보석과 같이 빛나는 작품이다. 아무쪼록 이 책을 통해 서구문화를 기반으로 한 선교의 비성육신적인 한계를 깨닫고 성육신적 선교로 전환하는 일들이 인도, 서구, 그리고 한국의 기독교인들 가운데 왕성히 일어나기를 간절히 바라고 기도하는 바이다. 장애를 쌓는 선교가 아니라, 모든 장애를 허물고 인도인에게 가까이 나아가, 문화가 아니라 복음을 전하는 아름답고 놀라운 일들이 일어나기를 두손 모아 빈다.

추천사 2

홍승진 선교사
예수전도단 인도 선교사

2013년 초 어느 선교대회에서 저자를 처음 만났습니다. 대화를 통해 저자도 저처럼 인도문화를 최대한 존중하며 전통(제도권) 교회가 아니라 가정 교회를 개척하며 신자들을 훈련하고 있다는 것을 알게 되었습니다.

원고를 받고서 단숨에 읽어 나갔습니다. 이 책에 나타난 다양한 사람들과의 진지한 '대화'를 통해 인도를 사랑하고 안타까워하는 저자의 마음에 공감이 되었습니다. 저도 그 대화 속에 있는 착각이 들었고 실제로 참여해 제 의견도 제시해 보고 싶었습니다. 단어 하나하나에서 저자의 의도와 동기를 충분히 이해할 수 있었습니다. 읽으면서 제가 인도에서 일한 9년여의 세월이 떠올랐습니다.

저자는 인도에서 사역하는 선교사라면 누구나 고민하는 질문-무엇이 가장 효과적인 방법인가-에 대해 명쾌한 답변을 제시하고 있습니다. 즉 힌두교도의 사고방식과 세계관, 인도 기독교인들이 갖고 있는 여러 가지 모순들, 힌두선교방법의 문제점들, 올바른 접근방법과 복음과 문화의 관계를 대화라는 매개체를 통해 재미있게 다룹니다. 시종일관 어떻게 인도문화를 존중하며 복음을 전할 것인가라는 주제를 깊이 다루고 있습니다.

    강압적이거나 일방적이지 않은 진솔한 대화들을 통해 인도 현지 기독교인들이 스스로 생각해서 답을 찾게 하는 저자의 모습이 인상적이었습니다. 현지인들에게 깊이 들어가 기꺼이 친구와 멘토가 되어주는 모습, 제3자로서 비난이 아닌 지지해주고 격려해주며 기도로 섬겨주는 태도, 문화를 인정하고 배려해주는 모습, 그리고 문제점들을 발견할 수 있도록 이끌어주는 지혜를 보며 잔잔한 감동을 느꼈습니다.

    현재 인도에서 사역하는 선교사들과 앞으로 사역하게 될 예비 선교사들, 선교와 문화의 관계에 대해서 관심 있는 독자들, 선교사의 모습에 대해 궁금해 하는 사람들에게 이 책을 추천합니다. 대화의 내용들 모두 깊이 고민하고, 반성하고, 적용해볼 만한 귀한 가치를 지니고 있습니다.

머리말

우리는 어떤 길을 걷고 있는가?

이계절 선교사
예수전도단 인도 선교사

선교사들 사이에 많이 알려진 『인도의 길을 걷고 있는 예수』(E. 스탠리 존스)를 읽으며 '나는 어떤 길로 갈 것인가'를 고민하기 시작했다. 인도 선교로 가는 두 갈래 길, 즉 성경의 길과 서양의 길 가운데 하나를 택해야 하는 기로에 서 있었다. 그때가 2008년 초였다. 그 후 9년째 그 책이 안내하는 대로, 더 정확히 말하면 성경이 말하는 대로 선교지 문화에 적절하게 복음을 전파하려고 애쓰고 있다.

처음에는 인도에 있는 한국인 가운데 그 책을 실제로 적용하는 사람이 필자 혼자뿐인 줄 알았다가 몇 명이 더 있다는 것을 알고 격려를 받았다. 한국인 외에 다른 나라 사람들은 많다. 특히 가정 교회에서 서양이나 한국문화가 아니라 인도문화로 예수님을 따르며 복음을 전하는 인도 사람(예슈박따, 예수님을 따르는 자)들이 꽤나 많다.

1. 우리는 지금 문화 전쟁 중

우리는 지금 미전도 종족을 조종하는 사탄의 영과 어떤 전쟁을 벌이고 있을까?

　진리의 전쟁?

　아니다! 우리는 지금 문화 전쟁 중이다. 독자들은 이 책을 읽으며 그 이유를 하나씩 찾을 것이다.

　필자는 필자의 첫 번째 책 『인도에서 자전거 함께 타기 1. 2』(퍼플)와 두 번째 책 『끝나지 않은 이야기』(밀알서원)에 인도문화 속에서 예수님을 믿으며 진리를 전하는 아름다운 인도인들을 소개했다. 그러나 여기에는 주로 반대의 사람들을 실었다. 그렇다고 그들을 비난할 수는 없다. 필자도 전에는 그 사람들과 똑같은 생각을 하며 신앙생활을 했기 때문이다. 그리고 여기에 소개하는(이미 많은 학자들과 지도자들이 주장하는) 예슈박따 운동(자신의 문화 속에서 예수님을 따르는 운동)만이 유일한 선교방법이라고 주장하지도 않는다.

　필자가 인도 크리스천들을 조사한 이유는, 선교지 상황에 적절한 선교방법을 고민하기 위함이다. 인도 북동부 나갈랜드와 미조람처럼 선교지의 대다수 사람들이 서양문화로 종교 생활을 하는 것을 선호하고 '건강한 열매'가 월등히 많으면 서양식을 추구해도 무방하다고 본다. 그러나 반대로 대다수가 서양문화로 종교 생활을 하는 것에 대해 거부감을 갖고 있는 지역이라면 다른 방법을 시도해야 한다. 그런 지역에는 현지 문화를 깊이 존중하며 예수님을 전하는 예슈박따 운동이 적절하다고 본다.

　독자들은 현지 문화에 적절한 선교방법을 고민하며 자신의 신앙생활을 점검하고 주위에 복음을 전하는 방법에 대해 새로운 시각을 가질 것이다. 현재 한국 교회가 쇠퇴하고 있고, 많은 미전도 종족 가운데 돌파가 잘 이루어지지 않고 있다는 점을 기억하면서 읽어 보자.

보통 어떤 지역에 기독교인이 2%가 넘지 않은 경우에 미전도 종족으로 분류된다. 현지인 신자들이 스스로 복음을 전할 힘이 부족해 외국인 선교사들이 필요한 지역으로 본다. 그러나 모든 민족이 주님께 돌아오도록 하려면 '2%를 넘겼지만 더 이상 복음이 확장되지 않는 지역'에 대해서도 예슈박따 운동을 고려하는 것이 필요하다. 물론 복음을 듣기 힘든 미전도 종족에 우선순위를 두고 선교해야 한다는 것에 지지한다.

이 책의 대화에는 브라민 출신과 다른 카스트 출신들 등 여러 명의 인도 크리스천들이 등장한다. 일상에서 이뤄진 '교육적 의도'를 가진 대화를 통해 독자들은 자연스럽게 인도 크리스천들이 어떤 생각을 가지고 거대한 힌두 나라에서 살고 있는지 복잡한 마음(때로는 미소, 때로는 당황스러움)이 들 것이다. 그들은 하나같이 서양문화를 추종하며 그것이 성경문화라고 인식하고 있다. 그들은 복음을 전하는 적이 거의 없지만 혹시 있는 경우에도 미전도 종족에게 서양문화를 강요한다. 이쯤되면 다음과 같은 질문들을 할 수 있다.

'그들은 인도의 길을 걷고 있는 것인가, 아니면 서양의 길(또는 한국의 길)을 걷고 있는 것인가?'

'자신의 문화(언어)가 아니라 서양문화로 신앙생활을 하고 있는 그들은 성경의 진리를 제대로 이해하고 있을까?'

또 하나의 질문을 할 수 있다. 이것은 전 세계 모든 크리스천을 향한 것이다.

'우리는 어떤 길을 걷고 있는가?'

독자들은 이 책을 읽으며 복음의 가장 큰 장애물 가운데 하나는 문화라는 것을 알 수 있을 것이다. 물론 사랑, 헌신, 자비, 인내, 기도, 말씀 묵상 등 우리가 항상 잊지 말고 죽을 때까지 배우고 실천해야 하는 것들이 있다. 그러나 필자가 이 책에서 문화 문제를 꼽은 것은 그만큼 많은 인도인 크리스천들과 선교사들이 관심을 가지고 있지 않거나 일부러 무시하거나 모르고 있기 때문이다.

잠깐 사도행전 15장을 살펴보자. 사도 바울과 바나바가 안디옥에 있었을 때 생긴 일이다. 일부 유대인 크리스천들이 예수님을 믿고자 하는 자는 유대 문화를 따라야 한다고 했고 유대인들과 사도 바울 사이에 '적지 아니한 다툼과 변론'이 일었다(당시 사도 바울과 바나바는 전도 대상 종족의 문화를 존중하며 복음을 전하고 있었다). 그 문제로 그들은 예루살렘으로 갔고 최초의 기독교 공의회(예루살렘 공의회)가 열렸다.

'많은 변론'이 있은 후 열두 사도와 장로들은 모든 민족은 특정 문화가 아니라 자신의 문화 속에서 우상의 더러운 것과 간음과 목매어 죽인 것과 피(요약하면 우상숭배와 간음)만 제거하고 예수님을 믿을 수 있다고 결정하고 편지를 써서 이방인 형제들(예수를 따르는 자들)에게 보냈다. 그 후 장벽이 사라진 복음이 급속하게 퍼졌다.

현재 세계에는 5-6천 개의 미전도 종족이 있고 그들이 살고 있는 대부분의 지역에 크리스천은 0-5%다. 인도 전체의 경우 2.2%(죠슈아 프로젝트, 2016)다. 북인도의 경우 델리, U.P., 라잔스탄, 카쉬미르 등 대부분의 주가 1% 미만이다.

성경이 모든 종족은 자신의 문화 속에서 예수님을 믿을 수 있다고 선포했음에도 불구하고 왜 인도에 그렇게 소수의 사람들만 예수님을 믿고 있을까?

전 세계로 눈을 돌려보면 크리스천의 비율은 명목상 신자를 포함해 32%("Global Index of Religiosity and Atheism," WIN-Gallup International, 2012)다. 한국의 복음주의 크리스천은 인구의 16.4%(죠슈아 프로젝트, 2016)다.

기독교의 진리가 정말 강하다면 왜 100%가 안되는가?

필자는 인도에 살면서 그에 대한 답을 얻을 수 있었다. 사라졌다는 문화 장벽이 아직도 존재하고 있는 것이다. 기독교 자체의 타락, 사랑 부족, 헌신 부족, 교육 문제 등 다른 이유도 있지만 미전도 종족이 예수님께 나아오는데 있어 가장 큰 걸림돌은 다름 아닌 문화 문제라고 해도 과언이 아니다. 크리스천들이 서양문화 또는 한국문화 같은 낯선 문화를 미전도 종족에게 강요하고 있고 그 결과 그들이 예수님을 거부하고 있다.

한마디로 지금까지 우리는 진리 대 진리가 아니라 '문화 대 문화 전쟁'을 해왔다고 말할 수 있다. 선교사들은 불필요하게 문화 전쟁을 하지 말라는 성경의 가르침(행 15장)과 반대의 행동을 하느라 정작 진리를 제대로 전하지 못하고 있다. 궁극적으로 우리는 미전도 종족의 문화를 존중하면서 진리만 전하는 전략을 세워야 한다. 즉 그들의 문화를 바꾸려는 데 불필요한 힘을 낭비하지 말아야 한다. 결혼한 부부가 싸우는 이유도 문화적 차이 문제다. 각자 수십 년간 익숙해진 문화가 있다는 사실을 잊고 상대방을 바꾸려고 한다. 바꾸려고 할 것이 아니라 서로의 문화 속에 더 아름다운 것을 넣어야 행복한 결혼 생활을 영위할 수 있다.

2. 사랑은 구체적으로 표현해야

 필자는 독자들에게 또 한 가지 질문을 하고 싶다.
 예수님이 말하는 사랑의 의미가 무엇인가?
 이론적인 것인가, 아니면 실천적인 것인가?
 필자가 아는 한 사랑은 구체적이어야 한다. 남편과 아내가 서로 말로는 사랑한다고 하면서 서로의 문화를 존중해 주지 않는다면 사랑한다고 보기 힘들다. 마찬가지로 다른 문화권 사람들에게 새로운 문화를 강요해 고통을 준다면 그것은 성경이 가르치는 사랑이 아니다. 미전도 종족에게 가는 모든 선교사들은 사랑을 구체적으로 실천해야 한다. 구체적으로 실천하기 위해서 '문화'를 논하는 것이다.
 요약하면 이 책의 집필 목적을 네 가지로 말할 수 있다.
 첫째, 인도에서 선교가 잘 안되고 있는 이유를 알리기 위함이다. 독자들은 성경의 진리 자체에 문제가 있는 것이 아니라 전하는 방법, 특히 문화적 접근에 문제가 있다는 것을 파악할 것이다. 독자들은 선교사는 결국 문화를 바꾸는 사람이 아니라 진리를 전하는 사람이라는 것을 깨닫게 될 것이다.
 둘째, '인도 크리스천들이 생각하는' 크리스천 문화와 힌두문화의 실체를 알리기 위함이다. 독자들은 이곳에 소개한 인도 크리스천들과의 대화를 통해 인도 크리스천들 나아가 세계의 크리스천들이 복음과 문화를 구분하지 못하고 몹시 혼란스러워 하고 있다는 것을 인식할 것이다.
 셋째, 바람직한 선교방법을 알리기 위함이다. 필자는 예수박따(예수를 따르는 사람) 운동에서 사용하고 있는 쌋쌍(가정 교회) 개척, 현지 용어 사용하기, 이야기로 예수님 전하기(스토리텔링) 등 현지 문화를 이용한 전도방법을 소개한다.

넷째, 희망을 주기 위함이다. 가끔 선교사들은 인도를 비롯한 미전도 종족 가운데 복음이 제대로 전파되지 않는 현실에 대해 절망한다. 특히 현지 기독교인들의 모습에 많이 실망한다. 필자는 이 책에 비극을 많이 다뤘다. '이 일을 어쩌나!' 그러나 희극도 썼다. 독자들은 일부 인도 크리스천들의 생각이 변하는 것을 보면서 인도 선교의 미래가 어둡지만은 않다는 것을 느끼고 감사할 것이다. 현지인들도 새로운 지식을 통해 변할 수 있다는 가능성을 보고 희망을 품을 것이다.

마지막으로, 선교사들이 선교지 문화를 즐기며 많은 열매를 맺는 데 도움을 주기 위함이다. 이곳에 등장하는 사람들은 모두 힌두문화 배경을 가진 인도인들이지만 그들이 가진 문제는 이슬람교와 불교와 유교 문화 출신의 크리스천들이 가진 문제와 거의 흡사하다. 그래서 이 책이 다양한 문화권에서 일하는 선교사들의 이해를 도울 것이다. 자칫 선교사는 '모세의 율법을 따르고 할례를 행하고 유대 관습을 지키라고 강요하는 수만 명'(행 21:20-21; 15:1) 가운데 한 사람이 될 수 있다. 우리는 '신 유대인'(서양문화 또는 한국문화를 강요하는)이 아니라는 사실을 생각해 보자.

독자들은 이 책을 읽으며 필자의 급진적인 면, 양보하는 면, 그리고 보수적인 면, 셋 모두를 보게 될 것이다.

예수님을 따르는 사람들이라면 말씀의 본질에 대해서는 보수적이어야 하지만, 비본질적인 것에는 양보를 해야 하고, 실천에 대해서는 급진적이어야 하지 않을까?

자, 이제 인도 또는 다른 미전도 종족으로 길을 떠나 보자. 두 갈래 길이 있다. 성경의 길과 서양의 길. 하나를 택해야 한다. 그 중간 길은 없다. 만약 양쪽에 동시에 발을 디딘다면 가랑이가 찢어질 것이다.

당신은 어떤 길을 택할 것인가?

이곳에 소개한 내용 이외에도 비슷한 사례가 많이 있지만 같은 내용을 반복하지 않으려고 생략했다. 대화체에서 '일꾼'은 필자를 뜻한다.

부록으로 독자의 이해를 돕기 위해 인도 카스트를 소개했다. 그리고 11권의 선교 도서를 택해서 실었다. 독자들은 그 책들을 통해 복음과 문화의 관계에 대해 탄탄한 기초를 다질 수 있을 것이다.

조언을 해 주시고 교정을 도와주신 분들에게 감사드린다. 추천사를 써 주신 진기영 박사님, 홍승진 선교사님께 감사드린다. 기도와 재정으로 함께 해 주신 분들에게 감사드린다.

2016년 6월 북인도에서

차례

추천사 1 _ 진기영 박사(영국에딘버러대학교 선교학 박사, 인도 UBS 신학교 교수) · **5**
추천사 2 _ 홍승진 선교사(예수전도단 인도 선교사) · **9**
머리말: 우리는 어떤 길을 걷고 있는가? · **11**

1 ▸ 인도 기차 안에서 만난 크리스천 · 25
    1. 쌋쌍과 처치(교회)의 차이

2 ▸ 달릿(불가촉천민) 출신의 크리스천: 디네쉬 · 28
    1. 복음 전도자의 신분
    2. 영어 찬양
    3. 기독교 용어
    4. 이야기로 복음 전하기와 예배 순서
    5. 삶의 방향
    6. 서양 기독교 문화가 복음의 장벽
    7. 영어 찬양에 대한 생각이 바뀌다
    8. 채식과 육식
    9. 처치? 쌋쌍?
    10. 쌋쌍을 개척하다

3 ▶ 크샤트리아 출신의 크리스천: 라께쉬 · 53

    1. 촛불, 향, 힌두와 크리스천의 차이

4 ▶ 기독교 병원에서 일하는 크리스천: 씨리악 · 57

    1. 크리스천과 예슈박따의 차이
    2. 외국어 사용, 향, 디야
    3. 성경 다루는 방법
    4. 크리스천의 시각, 구약예배와 힌두예배의 유사성

5 ▶ 인도 기차 안에서 만난 부족 출신의 크리스천: 비나 · 65

    1. 어린이 사역 접근법
    2. 외국어 찬양, 영어 사역
    3. 어린이 사역과 대학생 사역에 고려할 점
    4. 힌두, 무슬림이 크리스천을 바라보는 시각
    5. 옷차림

6 ▶ 선교단체에서 일하는 크리스천과 예슈박따 · 78

1. 외국어 사용, 힌두와 크리스천의 차이
2. 향, 디야
3. 종교 용어 혼란

7 ▶ 브라민 출신의 크리스천 1: 해리와 조이 · 83

1. 힌두에 대한 크리스천의 시각
2. 소고기

8 ▶ 브라민 출신의 크리스천 2: 라잔 · 86

1. 용어 문제: 아멘, 할렐루야
2. 용어 문제: 짱가이, 처치, 할렐루야
3. 용어 문제: 쁘라짜르, 무사, 크리스천, 마시흐, 깔리씨야
4. 사는 목적
5. 채식과 육식, 소고기
6. 크리스천과 예슈박따의 차이점
7. 외국 이름 짓기
8. 우상에게 바쳐진 음식, 결혼 표시
9. 부활절, 문화 구속(행 15장)
10. 요가
11. 이야기로 복음 전하는 이유

12. 촛불, 향
13. 교회개척 장소와 적절한 예배 형태
14. 복음과 문화의 관계(행 15장)
15. 체계적인 설교 대 이야기로 전하기
16. 예슈박따의 생명을 구하는 힌두 이웃
17. 크리스천은 몇 점?
18. 성경 사용 방법
19. 어려운 설교
20. 가뭄에 먹칠
21. 예배? 파티?
22. 상처를 주는 크리스천의 행동
23. 술, 담배
24. 띠까
25. 브라민 출신 크리스천이 변하다

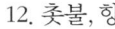 브라민 출신의 크리스천 3: 마헨드라 · 166

1. 신학교에서 문화에 대해 배우다
2. 이야기 들려주기와 가정 교회 예배 방식
3. 이야기에 대한 반응
4. 지역사회개발(구제 사역), 외국인 선교사에 대한 인식
5. 포르투갈의 만행, 복음과 문화는 어떤 관계?
6. 순교의 정의

부록 1. 인도 카스트 소개 · **187**
부록 2. 추천 선교도서 11선 · **191**

두 갈래 길

Two Ways

1 ▶ 인도 기차 안에서 만난 크리스천

1. 쌋쌍과 처치(교회)의 차이

2013년 3월 어느 날 나는 델리로 가는 기차에 몸을 실었다. 열차 사이에 있는 세면대에 가서 얼굴과 손을 씻고 들어와 내 자리에 돌아오니 한 인도인 부부가 앉아 있었다. 내가 "나마쓰떼 지!(안녕하세요!)"라고 인사를 건네자 남편도 똑같이 응답했고 아내는 알았다는 듯이 고개를 가볍게 좌우로 흔들었다.

기차가 달리기 시작하자 남편이 내 눈에 익숙한 책을 꺼냈다. 테두리가 빨간 성경책이었다. 나는 그를 방해하지 않으려고 한참 기다렸다가 질문했다.

일꾼: 쌋쌍(satsang)에 다니세요?
크리스천: 아니요. 저희는 크리스천이에요.
일꾼: 그래서 제가 묻는 거예요. 쌋쌍에 다니시냐고.

크리스천: 저희는 힌두가 아니에요. 저희는 처치(교회)에 다녀요.

내가 예상한 대로 그들은 쌋쌍이라는 단어와 처치라는 단어를 분명히 구분했다. 사실 내가 그런 질문을 한 것은 그들의 반응을 알아보기 위한 것이었다. 쌋쌍이라는 단어는 힌디어로 '예배(참 교제)'라는 뜻이고 처치도 그런 의미(정확히 말하면 사람들이 모이는 건물)로 쓰인다. 결국 그 두 용어는 같은 뜻을 가지고 있는데 왜 인도 크리스천이 힌디어 대신 영어를 쓰는 걸까?

나는 그들과 좀 더 대화를 하고 싶었다.

일꾼: 쌋쌍이 예배라는 뜻이잖아요.
크리스천: 아니요. 그건 힌두들이 가는 곳이고요, 저희는 처치(교회)
　　　　에 다녀요.
일꾼: 쌋쌍은 힌디어고 처치는 영어잖아요. 같은 뜻이잖아요.
　　　왜 쌋쌍이라는 단어는 싫어하세요?
크리스천: 저희는 크리스천이에요. 힌두가 아니에요.

내가 더 이상 질문하지 않자 그도 아무런 반응을 하지 않았다.

나는 그 대화를 통해서 인도 크리스천들이 얼마나 힌두 공동체와 분리되어 있는지 알 수 있었다.

쌋쌍이라는 단어가 특정 우상을 칭하는 말도 아니고 예배(참 교제)라는 뜻인데 왜 인도 크리스천들은 힌디어 대신 영어를 쓰는 걸까?

도대체 그들 역사에 무슨 일이 있었을까?

인도 크리스천들이 힌두들처럼 달(dal), 쌀, 짜빠띠(chapati)를 먹으며 그런 단어를 힌디어로 사용하는 것처럼 샷쌍이라는 단어도 사용하면 안 될까?

인도 크리스천들은 달과 쌀과 짜빠띠라는 단어는 영어로 바꿔서 사용하지 않으면서, 왜 종교와 관련된 단어들은 그토록 외국어로 바꾸는 데 열심일까?

일상생활은 모국어로 하면서 종교 생활은 왜 외국어로 할까?

한국 사람들은 종교가 다르다고 해서 영어나 중국어나 일본어 발음을 하며 외국어를 쓰지 않는다. 비록 한국 교회 안에 크리스천들만 사용하는 단어가 있지만 그것들도 한국어다. 예를 들어, 성탄절, 부활절, 고난주일, 영성, 세례(침례), 구원, 죄인, 죄 사함 등이다. 그런데 황당하게도 인도 크리스천들은 종교 용어를 외국어로 표현하는 경우가 많다. 같은 뜻을 가진 힌디어가 있는데도 불구하고 외국어만 쓰려고 한다.

영어가 통용되는 지역이라서 그런 면이 있겠지만 힌디어에 적당한 단어가 있는데도 굳이 외국어를 선택하는 점은 이해하기 힘들다. 문제는 그 다음이다.

외국어를 사용하는 인도 크리스천들이 어떻게 힌두들에게 복음을 제대로 전할 수 있을까?

외국어로 성경의 진리를 설명하면서?

비극이라 하지 않을 수 없다. 다음의 대화들에서 더 많은 예를 볼 수 있을 것이다.

2. 달릿(불가촉천민) 출신의 크리스천: 디네쉬

내가 10년 이상 알고 지내는 달릿(불가촉천민) 출신의 한 인도 목사와의 대화다. 10대 후반부터 예수님을 믿기 시작한 그는 현재 30대 초반이다. 현재 북인도의 한 지역 교회에서 부목사로 일하며 월급을 받고 있다. 신학교를 졸업하고 안수를 받은 것이 아니라 교회 안에서 성경공부를 한 후 선임 목사의 지명으로 부목사가 되었다. 인도에서는 아직도 이런 일이 흔하다. 그가 일하는 교회에는 100여 명의 신자들이 출석하고 있다.

2013년 여름, 여러 차례 그와 깊은 대화를 나눌 기회를 가졌다. 나는 그가 고교생이었을 때부터 좋은 관계를 유지하고 있어서 그를 형제님이라고 불렀다. 그도 나를 형제님이라고 불렀다.

1. 복음 전도자의 신분

일꾼: 형제님, 오랜만이네요. 전화로는 가끔 통화했지만 2년 만에

만나니 참 반갑네요.

디네쉬: 저도 반가워요. 가끔 보고 싶었어요.

일꾼: 저도 보고 싶었어요.

요즘은 어떻게 지내요?

가족도 모두 평안해요?

디네쉬: 다들 잘 지내요. 저는 교회 일로 바빠요.

일꾼: 그렇군요. 형제님의 꿈은 뭔가요?

디네쉬: 교회를 잘 섬기는 거요.

일꾼: 그렇군요. 누구나 하나님의 나라를 잘 섬겨야죠.

디네쉬: 그렇죠. 주님을 위해 열심히 일하는 것이 우리가 할 일이잖아요.

일꾼: 맞아요. 그런데 다른 꿈은 없어요?

디네쉬: 글쎄요. 교회를 잘 이끄는 것이 가장 중요한 일이라고 생각해요.

일꾼: 맞아요.

그런데 평생 교회에서 일하면서 월급 받다가 죽을 거예요?

예수님을 전하는 것에는 관심 없어요?

디네쉬: 물론 관심 있지요. 시골에 예수님을 모르는 사람들에게 복음을 전하고 싶어요.

일꾼: 오! 정말 좋은 꿈을 가지고 있네요. 축하드려요. 하나님께서 형제님의 마음으로 인해서 기뻐하실 거예요.

그런데 형제님이 복음을 전하면 사람들이 받아들일까요?

디네쉬: 무슨 말씀이세요?

일꾼: 형제님은 목사로 알려져 있어요. 힌두들은, 목사는 교회에서 일하면서 돈을 받는 사람이라고 알고 있잖아요.
돈 받고 일하는 사람이 전하는 복음을 힌두들이 들을까요?

디네쉬: (침묵)

일꾼: 더더욱 힌두들은 목사들을 서양의 앞잡이로 보고 있고, 목사들은 외국에서 돈을 받으며 힌두들을 돈으로 강제로 개종시킨다고 생각하잖아요.

디네쉬: 맞아요. 힌두들이 그렇게 생각해요.

일꾼: 솔직하게 말해줘서 고마워요. 힌두들처럼 세상 직업을 가지고 성실하게 살면서 복음을 전해야 힌두들이 "이 사람은 우리같이 보통 사람인데 매우 영적인 사람이다. 그가 믿는 신에 대해 알고 싶다"라고 생각하지 않을까요?

디네쉬: (짧은 침묵 후) 맞아요.

일꾼: 현재 형제님은 안정적인 월급을 받으며 살고 있어요. 웬만한 대학 교수 초봉보다 더 많은 액수죠.
가정을 부양하려면 당연히 수입이 있어야 하지만 예수님의 제자로서 어떻게 살아야 복음을 잘 전할 수 있을지 생각해 봐야 하지 않을까요?
내가 형제님을 오랫동안 알고 있어서 이렇게 격의 없이 이야기하는 거예요. 혹시 마음이 불편하면 솔직하게 얘기해 줘요.

디네쉬: 좋은 말씀해 주셔서 감사해요. 사실 저도 그 부분에 대해 생각 중이에요.

2. 영어 찬양

일꾼: 형제님, 인도 교회 문화가 왜 보통 인도문화와 많이 다른가요?

디네쉬: 무슨 말씀이세요?

일꾼: 인도 교회에 가면 도대체 미국에 간 것 같아요.

디네쉬: 하! 하! 하!

일꾼: 하! 하! 하! 왜 힌디어 찬양 대신 영어 찬양을 해야 하나요?

디네쉬: 인도 사람들 가운데 영어를 이해하는 사람들도 있고 외국인들도 참석하잖아요(디네쉬는 가끔 예배시간에 기타를 치며 찬양을 인도했다).

일꾼: 사실이죠. 하지만 영어를 이해하지 못하는 사람들이 훨씬 많잖아요. (사실 디네쉬도 영어에 서툴렀다.) 교회에 오는 사람들이 대부분 가난하고 학력이 낮은 사람들이라서 영어를 잘 못하잖아요.
그렇지 않나요?

디네쉬: 대개 그렇지요.

일꾼: 그리고 외국인 크리스천들은 스스로 모여서 예배드리면 되지, 그들까지 고려해서 인도 교회에서 낯선 영어 찬양을 부를 필요는 없을 것 같아요.

디네쉬: 인도인들만 모여서 예배드리면 된다고요?

일꾼: 그렇죠. 제가 형제님 교회 찬양 시간 때 사람들을 유심히 지켜봤어요. 영어 찬양 부를 때 인도 교인들이 자신감이 없이

부르더라고요. 소리가 거의 안 나요. 그런데 힌디어 찬양을 하면 활기차고 크게 불러요. 그리고 혹시 영어를 조금 아는 신자들이 있다고 해도 영어 찬양의 모든 의미를 알고 부르는 것은 아니잖아요. 저도 영어를 하지만 낯선 영어 찬양 선율을 배우기도, 가사를 제대로 이해하기도, 기억하기도 쉽지 않아요. 가사는 대개 시 형식이어서 의미가 압축되어 있거나 상징적으로 되어 있어요. 그래서 이해하기 어려운 면이 있어요.

디네쉬: 영어 찬양이 좀 어렵기는 하지요.

3. 기독교 용어

일꾼: 형제님, 힌디어 찬양 가사에도 신자들이 이해하지 못할 것이 많더라고요.

디네쉬: 무슨 말씀이세요?

일꾼: 결국 우리가 사는 목적이 예수님을 예배하고 그분을 전하는 것인데 이해하지 못하는 용어를 사용하면 어떻게 전할 수 있을까요?

디네쉬: 어떤 것들을 말씀하시는 건가요?

일꾼: 할렐루야, 아멘, 호산나, 예슈 마시흐 제이 마시흐 끼, 빠다르, 빠쓰완, 파스터, 짱가이, 쁘라짜르, 깔리시야, 처치, 기르자가르, 바이블, 가와히, 까하니, 그리고 여호와, 마띠, 루까, 유한나 등 성경에 나오는 수많은 외국 이름들.

디네쉬: 그러면 어떻게 바꿔야 하나요?

일꾼: 할렐루야와 호산나 대신에 제이(승리), 아멘 대신 따타쓰뚜, 예슈 마시흐 끼(예수 그리스도) 와 제이 마시흐 끼(승리하신 그리스도) 대신에 싸뜨 구루 예슈 지(참 스승이신 예수님), 빠다르(목사)나 빠스완(목사)이나 파스터(pastor) 대신에 구루 지(스승님), 짱가이(치유) 대신에 틱, 쁘라짜르(정치 연설) 대신에 쁘라바짠(종교적 가르침), 깔리시야(교회)나 처치(교회)나 기르자가르(교회) 대신에 쌋쌍, 바이블(성경) 대신에 예슈 그란트(예수님의 경전) 또는 빠비뜨르 샤스뜨르(거룩한 경전), 가와히(법원에서의 증언) 대신에 싸치(간증), 여호와 대신에 빠르메쉬와르(최고의 신), 그리고 낯선 성경의 인물 이름들은 발음이나 뜻이 비슷한 인도 이름으로 바꿔야 인도 사람들이 잘 이해할 수 있지요.

디네쉬: 그렇군요.

일꾼: 혹시 제가 방금 말한 것 중에 적절하지 않은 것이 있으면 얘기해 줘요.

디네쉬: 다 괜찮은 것 같아요.

일꾼: 이런 낯선 단어들이 크리스천들 그리고 힌두들에게 어렵다는 점을 생각해 봤어요?

디네쉬: 처음에 교회에 다니기 시작했을 때 낯설다고 생각하긴 했지만 교회가 이런 건가 보다 하고 넘어갔어요.

일꾼: 힌두들이 자신들의 최대의 적이라고 생각하는 무슬림들도 아멘을 사용하는 거 아시죠?

디네쉬: (잠깐 생각하다가) 예. 무슬림들도 아멘이라고 해요.

일꾼: 그래서 크리스천들이 아멘을 사용하면 힌두들이 크리스천들도 무슬림 편이라고 오해해요. 이미 그런 사례가 많아요. 그런 말 들어봤어요?

디네쉬: 예, 저도 들어 봤어요.

일꾼: 힌두들이 '크리스천과 무슬림은 친구다'라고 생각하면 예수님을 전하는데 도움이 될까요?

디네쉬: 하! 하! 하!

일꾼: 하! 하! 하!

디네쉬: 그런데 이런 걸 다 어떻게 아셨어요?

일꾼: 사실 저도 다 배웠어요. 문화에 대해 많이 고민한 선교사들과 학자들한테요. 그분들이 이미 많은 연구를 해놨어요. 관련 책들도 읽었어요.
혹시 『인도의 길을 걷고 있는 예수』라는 책을 읽어 봤어요?

디네쉬: 아니요.

일꾼: 제가 다음에 힌디어 번역본을 구해 볼게요. 형제님에게 정말 도움이 될 거예요. 저자는 스탠리 존스라고 하는 미국인 선교사님인데 그분도 처음에는 인도에서 사역하면서 서양문화 보급에 힘썼어요. 전도하러 왔다가 예수님은 제대로 전하지 않고 문화 보급에 온몸과 마음을 다 바쳤던 거죠.

디네쉬: 하! 하! 하!

일꾼: 그러다가 서서히 그게 아니라는 것을 알고 복음과 문화를 구분하기 시작했지요. 즉 인도문화에 적절하게 복음을 전했고, 그 생각을 책으로 썼어요. 세계적으로 유명해요. 그분의 책이

수많은 언어로 번역되었어요.

디네쉬: 아, 그런 분이 있었군요.

일꾼: 제가 방금 인도 교인들이 쓰는 이상한 단어들을 열거했는데 어떻게 생각해요?

디네쉬: 사실 힌두들에게 기독교 용어들이 낯설어요. 이해를 못해요.

일꾼: 크리스천들도 제대로 이해를 못할 거예요. 저도 어려서부터 교회를 다녔지만 교회 용어를 제대로 이해하지는 못했어요. 예를 들면, 할렐루야, 아멘, 호산나, 여호와, 에벤에셀, 셀라, 여호와 닛시, 뿔라, 궤휼, 긍휼, 은사 등. 인도 교인들도 낯선 단어들의 뜻을 제대로 모른 채 습관적으로 사용하고 있을 거예요. 알고 사용하는 사람들을 찾기가 쉽지 않을 거예요. 형제님 교회 교인들이 거의 가난하고 교육 수준이 낮잖아요.

디네쉬: 그럴 가능성이 있기는 해요.

일꾼: 그렇다면 뭔가 변화가 있어야 하지 않을까요?

디네쉬: 저도 앞으로 쉬운 단어, 특히 외국어 대신 힌디어를 쓰도록 노력해 볼게요.

일꾼: 와! 대단한 결정이네요. 이런 말을 하면 기분 나빠하는 크리스천들이 많은데 형제님은 바로 적용을 하네요. 형제님은 힌두였다가 크리스천이 되어서 그런지 힌두의 마음을 잘 아는 것 같네요.

디네쉬: 그런 면이 있어요. 교회가 힌두문화와 참 다르다는 생각을 처음에 많이 했었어요.

4. 이야기로 복음 전하기와 예배 순서

디네쉬: 매주 수요일 제가 인도하는 소모임이 있는데 오실래요?

일꾼: 그래요?

참석해 보고 싶어요.

그런데 그 시간에 뭐하나요?

디네쉬: 주일 설교에 대해서 느낀 점을 나누고 기도해요.

일꾼: 그렇군요.

그런데 사람들이 주일 설교를 잘 기억하나요?

디네쉬: 일부는 조금 기억하기도 하지만 대부분 기억을 못해서 제가 다시 내용을 요약해 줘요.

일꾼: 설교를 잘 기억해야 자신의 신앙도 깊어지고 힌두들에게 전할 수 있잖아요. 그런데 기억하지 못한다면 큰 문제예요. 작은 문제가 아니라. 복음을 어떻게 하면 잘 전할 수 있는가에 대한 연구가 많이 있어요. 책도 많고 가르치는 사람들도 많아요. 그분들이 추천하는 것이 스토리텔링, 즉 이야기로 복음 전하기예요.

디네쉬: 그게 뭔데요?

일꾼: 성경 이야기를 들려주는 것이예요. 사람이 만나면 이야기하는 것처럼, 성경 이야기 외에 따로 서론이나 결론이나 해석을 덧붙이지 말고 성경 이야기만 들려주는 거예요. 이야기는 누구든지 몇 번 듣거나 읽으면 쉽게 오랫동안 기억할 수 있어요. 그리고 한 사람씩 매주 돌아가면서 한 편씩 들려주는

거지요. 주의할 것은 로마서 같은 이론적인 내용을 들려주는 것이 아니라 복음서에 나오는 이야기들을 들려주는 거예요. 구약에도 이야기가 많잖아요.

디네쉬: 그러면 형제님이 먼저 다음 수요일 소모임에 이야기를 들려 줄 수 있으세요?

어떻게 하는지 일단 한 번 보고 싶어요. 그 다음에 제가 하고 그 다음에는 다음 사람들이 하면 될 듯해요.

일꾼: 그럴게요. 예배 순서는 누가 진행해요?

디네쉬: 제가 해요.

일꾼: 예배 순서에 뭐가 있나요?

디네쉬: 시작 기도, 찬양, 주일 설교 말씀, 느낀 점 나누기, 기도 제목 나누고 기도하기. 보통 순서가 이래요.

일꾼: 보통 그렇게 많이 하지요. 한국 교회도 비슷해요.

이렇게 하면 어떨까요?

참가자들이 하나씩 순서를 맡으면?

한 사람은 시작 기도, 한 사람은 찬양 인도, 설교 말씀 나누기 대신 성경 이야기, 한 사람은 기도 제목 묻고 인도하기, 한 사람은 마침 기도.

디네쉬: 아, 그렇게 할 수 있어요. 이번 주부터 해보지요.

일꾼: 한 사람이 하나씩 맡으면 자발성이 높아져요. 보통 교회 모임이 수동적이잖아요. 수동적인 모습을 능동적으로 바꾸자는 거죠. 그리고 한 사람씩 맡으면 형제님 같은 사역자가 없어도 성도들이 자발적으로 모임을 가질 수 있어요. 형제님의 꿈이

복음을 전하는 것이라고 했잖아요. 한 모임이 어느 정도 정착되면 형제님은 또 다른 곳에 가정 교회를 세우면 되는 거죠.

디네쉬: 아, 그런 뜻이었군요.

일꾼: 참가자들이 자발적으로 되면 '이건 우리 모임이다'라는 생각을 해요. 즉 소속감이 강해지는 거죠. '이건 목사님의 모임'라는 생각을 하지 않게 된다는 거죠.

디네쉬: 아, 그렇네요.

일꾼: 그리고 모임을 통해서 이야기를 들려주고 듣는 훈련이 충분이 되면 자연스럽게 전도도 할 수 있어요. 모임 때 들은 이야기를 자기 자녀들이나 이웃에게 들려주는 거죠. 놀러갔다가 오늘 들은 예수님 이야기라고 들려주는 거죠.

이야기 들려주는데 누가 핍박하겠어요?

이론을 장황하게 늘어놓으면 핍박하겠지만. 인도 사람들은 이야기를 정말 좋아하잖아요.

디네쉬: 정말 좋아하죠. 인도가 세계에서 가장 많은 영화를 만들어요. 미국보다 많아요.

일꾼: 저도 인도 영화 좋아해요. 한국에서도 인도 영화가 몇 편 히트 쳤어요.

디네쉬: 그래요? 어떤 영화인데요?

일꾼: 블랙, 세 얼간이, 슬럼독 밀리어네어.

디네쉬: 세 얼간이는 인도에서도 크게 히트 쳤어요.

일꾼: 이미 사람들이 이야기를 좋아하는 문화를 가지고 있으니 우리는 그것을 활용하면 되지요. 딱딱한 설교 대신 편안하고 재

미있게 성경 이야기를 들려주는 식으로.
디네쉬: 아, 그렇네요. 다음 주에 일단 모임을 가져보고 더 이야기 나눠요.
일꾼: 그래요.

며칠 후 수요 소모임. 디네쉬가 참가자들에게 순서를 하나씩 맡자고 제안했고 참가자들이 모두 동의했다. 그리고 각자 하나씩 원하는 순서를 택해서 인도했다.

성경 이야기를 들려주는 순서에 내가 사자 굴속의 다니엘 이야기를 동작을 곁들여 들려주었다. 네 명의 인도인들이 듣는 내내 미소를 지었다. 아마도 외국인이 힌디어로 성경 이야기를 들려주며 동작까지 취한 것이 신기했나 보다. 인도 사람들은 외국인이 자기네 말을 하면 신기해하고 마음을 빨리 연다.

그날 인도문화에 적절하게 바닥에 앉고 서양화된 힌디어 찬양이 아니라 종교 음악 같은 힌디어 찬양을 부르는 것 등은 하지 못했지만 조금씩 알려주려고 마음먹었다. 이미 서양식으로 신앙생활을 하고 있는 사람들에게 갑자기 너무 많은 변화를 권하면 그들이 거부감을 갖고 반대할 수도 있기 때문이다. 일단 신뢰를 다져 나가야겠다고 생각했다.

5. 삶의 방향

필자가 소개한 방법대로 수요 모임에서 두 번 성경 이야기를 들은 후 디네쉬를 방문했다.

일꾼: 수요 소모임 때 성경 이야기를 들은 것에 대해 느낌이 어때요?

디네쉬: 좋아요. 사람들이 훨씬 좋아하고 편안하게 느끼는 듯해요.

일꾼: 수요 모임 때 하는 것처럼 복음을 전할 때도 성경 이야기를 들려주면 사람들이 거부감 없이 들어요. 반대로 체계적인 이론을 설교하면 사람들이 지루해 하거나 거부감을 가져요. 소수의 사람들은 체계적인 설교를 좋아한다고 해도 기억하기가 어려워요. 그래서 예수님도 두세 번을 제외하고 이야기로 하나님의 나라를 전했어요. 잘 아시잖아요.

디네쉬: 예수님이 주로 이야기를 들려주셨다는 것은 저도 알고 있어요.

일꾼: 앞으로 어떤 삶을 살지에 대해서 계속 고민하고 있어요?

디네쉬: 예. 사실 저도 복음을 전하고 싶어요. 계속 생각해 보니까 목사라는 신분으로는 복음 전하기가 어려울 것 같아요. 힌두들은 제가 교회에서 또는 외국인들한테서 돈을 받고서 힌두들을 개종시키러 다닌다고 생각할 거예요.

일꾼: 그러면 어떻게 하려고요?

디네쉬: 간호조무사 과정을 이수하고 간호사로 일하면서 시간을 내서 시골을 방문할 거예요. 시골 마을에 간호 서비스를 제공하며 복음을 전하고 싶어요.

일꾼: 정말 좋은 생각이네요. 하나님께서 형제님을 도우실 거예요. 지금은 아내와 자식이 있으니 당장 교회를 그만 두면 생계가 곤란해 질 거예요. 그러니 시간을 두고 차근차근 준비해 봐요. 하나님께서 결단코 형제님을 외면하지 않을 거예요. 예

수님께서 승천하시면서 하신 말 있잖아요. 내가 너희와 항상 함께 있으리라.

디네쉬: 감사합니다.

6. 서양 기독교 문화가 복음의 장벽

그 후 필자는 2년간 디네쉬를 만날 수 없었다. 필자가 거주하는 지역과 수십 시간이 떨어져 있기 때문이다. 그러다가 2015년 중반 필자는 디네쉬가 사는 지역을 다시 방문했다. 디네쉬의 교회에서 몇 번 예배를 드렸지만 필자가 권한 것이 전혀 이뤄지지 않고 있어서 솔직히 필자는 실망했다. 그러나 디네쉬 혼자서 교회 구조를 바꿀 수 없었다. 선임 목사가 중요한 일을 결정하고 있었기 때문이다.

2016년 초 필자는 다시 디네쉬가 사는 지역을 방문했다. 그간 디네쉬의 생각이 어떻게 변했는지 궁금해서 적극적으로 대화를 시도했다.

일꾼: 형제님, 제가 좋은 책 한 권 소개해 줄게요. 이 책이에요. 『생수와 인도그릇』(*Living Water and Indian Bowl*) 저자는 다야난드 바라띠. 브라민 출신의 인도인이에요. 인도를 잘 아는 인도인이 쓴 것이지요. 왜 인도에서 기독교가 실패했는지를 분석한 책이에요. 생각할 거리가 많더라고요.

디네쉬: 저는 들어보지 못한 책이네요.

일꾼: 인도에 예슈박따(예수를 따르는 자)가 이렇게 적은 것을 어떻게 해야 하나요?

2016년 통계에 2.2%라고 통계에 나와 있어요. 북인도는 더 적어요. 대부분의 주가 1% 이하예요.

디네쉬: 그렇게 적어요? 저는 훨씬 많은 줄 알았어요.

일꾼: 정부 통계가 그래요. 선교단체 통계도 그렇고.

디네쉬: 정부는 통계를 속인다고 하더라고요.

일꾼: 정치적인 이유로 그렇다는 말도 있더라고요. 그래도 선교단체 통계는 비교적 정확하다고 볼 수 있죠. 매년 조사하니까요. 죠슈아 프로젝트라는 단체가 조사해요.

디네쉬: 제가 듣기로 선교단체도 현장 사역자들이나 현장 단체들로부터 수치를 받아 통계를 만드는데 그들의 수치를 합하면 이미 현재 인도 인구의 세 배가 인도에서 예수님을 믿고 있다고 하더라고요. 하! 하! 하!

일꾼: 하! 하! 하!

디네쉬: 현장 사역자들이 외국에서 후원금을 많이 타려고 성도수를 부풀려서 보고 하는 거죠. 그래서 누구 말이 맞는지 모르겠어요.

일꾼: 정확하지 않은 면도 있지요. 하지만 우리 주위를 둘러보면 힌두가 많은지 무슬림이 많은지 크리스천이 많은지 알 수 있잖아요?

디네쉬: 크리스천이 아주 적죠. 그런데 매주 세례를 받는 사람들이 엄청나다고 하더라고요.

일꾼: 저도 그렇게 들었어요. 그런데 세례 받은 사람들보다 힌두와 무슬림의 인구 증가가 훨씬 많아요. 그래서 현재 인도 크리스

천의 인구가 줄어들고 있어요. 2.2%에서 더 줄어들고 있어요.

디네쉬: 그래요?

일꾼: 잘 알잖아요. 2016년 인도 인구는 12억8천만 명이에요. 힌두는 인도 인구의 약 10억만 명(81.3%)인데 자녀를 둘이나 셋을 낳아요. 무슬림은 약 1억9천만 명(15%)인데 자녀를 셋이나 넷을 낳아요. 크리스천은 약 2천5백만 명(2.2%)인데 자녀를 하나나 둘을 낳아요. 이런 상황에서 일 년에 수만 또는 수십만 명이 세례를 받았다고 해서 크리스천 비율에 변화가 있을까요?

물론 일부 지역에서라도 일부 크리스천들이 전도 열매를 거두는 것이 귀하지만 궁극적으로는 크리스천들이 모든 지역에서 골고루 열매를 거둬야 인도 복음화 비율이 급상승한다는 거죠.

디네쉬: 그건 그렇네요.

일꾼: 골고루 열매를 거두기 위해서 문화 장벽을 논의하는 거예요.

디네쉬: 아, 그렇군요.

일꾼: 그리고 세례 받은 크리스천들의 95%는 가난하고 낮은 카스트 출신이잖아요. 그런 사람들이 힌두 상류층이나 무슬림들에게 복음을 전할 수 있나요?

디네쉬: 힘들죠.

일꾼: 바로 이 책에서 말하는 것이 그거예요. 그러면 어떻게 해야 하는지. 우리가 어떻게 전해야 하나요? 우리의 삶의 목적이 뭐지요?

디네쉬: 예수님 전하는 거죠.

일꾼: 그런데 그게 잘 되고 있나요?

디네쉬: 아니요.

일꾼: 우리가 예전에 몇 번 이런 대화를 나눠서 형제님이 잘 이해하고 있다는 것은 알아요. 그리고 형제님이 이 부분에 대해 고민을 하고 있다는 것도 기억하고 있어요. 심지어 목사직을 내려놓고 간호사로 복음 전할 것이라고 했잖아요. 그런데 아직도 교회가 변화가 없어서 참 그래요.

왜 아직도 힌디어 찬양에 힌두들이 이해 못하는 히브리어 할렐루야와 아멘을 넣어야 하나요?

힌디어로 바꾸면 되지 않을까요?

디네쉬: 그렇지 않아도 제가 오래 전에 담임 목사님한테 말씀을 드렸어요. 힌두들이 이해 못하는 단어를 빼고 부르면 어떻겠냐고. 그분 왈, '이미 그 단어들을 사용하고 있는 상태에서 중단하는 것은 힘들다'고 하시더라고요. 그래서 아직도 그 단어들을 교회에서 사용하고 있어요. 사실 낯선 단어가 그 두 가지가 아니에요. 아주 많아요.

일꾼: 그런 일이 있었군요. 형제님이 담임 목사님한테 건의까지 했다는 사실이 놀랍네요. 내 제안을 그냥 잊지 않고 그렇게 적용하려고 한 점에 대해 매우 감사하게 생각해요. 고마워요.

디네쉬: 별 말씀을요. 담임 목사님이 수용하셨더라면 참 좋았을 텐데….

일꾼: 사람의 생각이 바뀌기가 쉽지 않아요. 오랜 시간이 걸리죠.

디네쉬: 그렇긴 해요.

일꾼: 우리가 다니는 교회에 가서 내가 집사님이나 장로님이나 목

사님한테 크리스마스 대신에 예슈 자얀띠(jayanti, 문자적으로는 '자유'라는 뜻이지만 의미적으로는 '생일'을 뜻함.), 이스터(부활절) 대신에 '예슈 께 지 우트네 왈라 디와스'(Yeshu ke ji utne wala diwas)라고 하면 뭐라고 하실까요?

디네쉬: 반대하실 것 같은데….

일꾼: 그래도 물어 보세요. 물어 보는 것은 문제가 없을 듯해요. 크리스천 여자들에 대한 인식도 복음 장애에 큰 문제라고 생각해요. 크리스천 여자들은 결혼하고도 표시도 안 하잖아요. 이마에 빈디도 안하고 가르마에 신두르도 안하고 목에 망갈수뜨라도 안 하고. 안 하면 미혼 남자들이 따라다니는 사회적인 문제가 생기니까 그런 표시가 오래전부터 생긴 걸 거예요.

디네쉬: 제 아내도 망갈수뜨라 목걸이는 가지고 있어요. 하고 다니지는 않지만.

일꾼: 그렇군요. 나는 최소한 제 아내한테 망갈수뜨라는 하고 다니라고 요청했고 아내가 동의해서 하고 다니고 있어요. 힌두들 특히 여자들이 제 아내의 망갈수뜨라를 보고 얼마나 예쁘다고 칭찬을 하는지.

디네쉬: 참, 생각할 것이 많네요.

일꾼: 계속해서 생각하고 기도하다 보면 답이 보일 거예요. 다음에 제가 꼭 힌디어로 된 책 구해드릴게요. 『인도의 길을 걷고 있는 예수』 그리고 인도문화를 고려해서 번역한 요한복음 『아므리뜨 산데쉬』.

디네쉬: 고마워요.

7. 영어 찬양에 대한 생각이 바뀌다

2016년 중반 나는 그를 다시 만났다.

일꾼: 다시 만나서 반가워요.
디네쉬: 정말 오랜만이네요.
일꾼: 며칠 후에 한 카페에서 외국인이 영어 노래 음악회를 개최한대요. 기타 치면서 영어로 노래 부른대요. 같이 가볼까요? 형제님은 음악에 관심이 많잖아요.
디네쉬: 무슨 언어로 부른대요?
일꾼: 영어요.
디네쉬: 그럼 별로 가고 싶지 않아요.
일꾼: 왜요?
디네쉬: 영어 노래를 이해하기가 쉽지 않더라고요.
일꾼: 형제님은 교회에서 찬양을 인도하고 작곡과 작사까지 할 만큼 재능이 있잖아요.
디네쉬: 선율을 배울 수는 있어요. 그런데 영어 노래 가사를 이해하기 어려우니까 흥미가 잘 안 생겨요.
일꾼: 형제님은 영어 회화도 무리 없이 하잖아요.
디네쉬: 영어 회화를 하지만 어려서부터 배운 것이 아니라서 깊이 잘 못해요. 생활 회화 정도 하는거죠. 예전에 이 지역의 한 영어 학교에서 한 달에 한 번씩 유명한 인도 음악가나 외국인들을 초청해서 음악회를 개최했어요. 한두 번 갔는데 영어를 이

해하기 어려워서 더 이상 안 갔어요.

일꾼: 그런 일이 있었군요. 형제님의 경험을 살려서 교회에서 힌디어 찬양을 가르치고 부르면 좋겠어요. 이 문제에 대해서 우리가 예전에 대화 나눈 것이 있잖아요. 영어 찬양을 부르면 교육 수준이 낮거나 영어를 유창하게 하지 못하는 사람은 뜻을 제대로 이해하지 못한 채 더듬거리면서 따라한다고. 가사는 모르고 분위기에만 취하는 거죠.

디네쉬: 맞아요. 그런 대화를 했었지요.

일꾼: 영어 가사를 잘 이해하지 못하는 상태에서 부르면 신앙에 별 도움이 안된다고 생각해요. 그러니까 이곳 사람들의 언어인 힌디어로 찬양하는 것이 가장 좋다고 봐요.

디네쉬: 저도 그렇게 생각해요. 그래서 예배 시간에 힌디어 찬양을 더 많이 부르고 있어요.

일꾼: 아주 잘하고 있네요.

8. 채식과 육식

일꾼: 이번 주에 형제님 아내와 함께 와서 제 아내한테 인도 음식 하나 가르쳐 줄 수 있어요?

디네쉬: 물론요. 어떤 요리를 배우고 싶으세요? 채식 아니면 닭이나 돼지요리?

일꾼: 채식이요.

디네쉬: 치킨 커리도 맛있어요. 인도 요리 가운데 치킨 커리도 유명해요.

일꾼: 우리 가정은 채식만 해요. 집밖에서는 육식도 하지만 집에서는 채식만 먹어요.

디네쉬: 왜요?

일꾼: 집에서 육식을 하면 채식만 하는 상류 카스트들이 방문하지도 않고 혹시 온다 해도 물도 안 마시는 사람들이 있잖아요. 그리고 우리 주인댁도 브라민이거든요. 그들을 존중할 필요도 있고요.

디네쉬: 제 생각으로는 집에서 육식해도 괜찮아요. 굳이 채식만 할 필요는 없을 것 같은데.

일꾼: 단순하게 생각하면 그렇지만, 좀 더 생각해 보면 달라요. 우리가 사는 목적이 복음 전하는 것이잖아요. 예수님의 증인이 되는 것이잖아요. 그런데 복음을 전하려면 대상자를 고려하는 것이 필요해요. 그래서 사도 바울도 유대인에게는 유대인, 이방인에게는 이방인이 되었다고 말했어요.

우리가 집에서 고기를 먹기 시작하면 전도 대상자가 줄어들어요. 고기 먹는 하류 카스트에게만 전도할 수 있을 거예요. 그런데 이미 많은 인도 교회와 선교사들이 하류층을 대상으로 일하고 있으니까 우리까지 할 필요는 없다고 봐요. 복음을 듣지 못하는 상류층에게 전해야죠.

디네쉬: 그런 생각까지 하셨군요. 형제님 같은 사람은 한 번도 만나지 못했어요. 저는 고기 중에서 돼지고기를 정말 좋아해요. 소고기도 가끔 먹어요.

일꾼: 소고기 먹다가 옆집 힌두에게 들키면 어떻게 하려고요?

디네쉬: 그래서 몰래 먹어요. 하! 하! 하!

일꾼: 혹시 들키면 폭행을 당할 수도 있잖아요. 전도 길도 아주 막히고. 형제님이 전도에 관심이 많으니 전도 대상자의 문화를 잘 살펴봐야 할 거예요.
예수님을 따르기 위해서는 대가가 있다고 했어요. 누구나 자신의 십자가를 져야 한다고. 집에서 육식 안하는 것도 하나의 십자가에요.

디네쉬: 그렇긴 한데 고기까지 포기는 못할 것 같아요.

일꾼: 저도 이해해요. 쉬운 일이 아니니까요. 저도 솔직히 집에서 원하는 것 다 먹고 싶지만 제가 이곳에 있는 목적을 생각하면서 자제하고 있어요.

디네쉬: 대단하시네요.

일꾼: 우리 가정에 대해 너무 걱정하지 마세요. 집 밖에서는 생선과 닭고기 먹으니까 뭐, 괜찮아요. 인도 상류층 가운데도 집 밖에서는 고기 먹는 사람들이 많이 있잖아요. 이것도 그들의 문화니까 우리도 그들 식으로 그들의 문화를 존중하는 거죠. 그러니까 우리 가정이 고기를 안 먹는 것은 아니에요. 너무 걱정하지 마세요.

디네쉬: 알겠습니다. 저도 생각해 볼게요.

9. 처치? 쌋쌍?

디네쉬와 한동안 대화를 못 나누다가 다시 기회가 생겼다.

일꾼: 요즘 어떻게 지내요?

디네쉬: 제 집에서 한 시간 거리에 교회를 개척하려고 해요. 이번 주부터 매주 화요일에 방문해요.

일꾼: 그래요? 와! 이것은 정말 기쁜 소식이네요. 어떤 사람들을 대상으로 하나요?

디네쉬: 거의 친척들이예요. 다른 사람들도 원하면 올 수 있어요.

일꾼: 와! 정말 기대 됩니다.

그런데 어떤 교회를 세우려고 하나요?

처치 아니면 쌋쌍? (처치나 쌋쌍이나 같은 말이지만 나는 그가 인도문화에 적절한 교회를 세우려고 하는지 아니면 서양식 교회를 세우려고 하는지 알고 싶어서 그렇게 농담을 했다.)

디네쉬: 하! 하! 하! 쌋쌍이에요.

일꾼: 그래요? 와! 그럼 조만간 만나서 더 얘기 나눠요.

디네쉬: 그래요.

10. 쌋쌍을 개척하다

며칠 후 디네쉬를 다시 만났다.

일꾼: 쌋쌍 잘 했어요?

디네쉬: 잘 했어요. 20명 정도 모였어요. 가정집에 모여 바닥에 앉아 예배드렸어요. 인도문화형식으로 예배드리려고 노력했어요.

일꾼: 와! 정말 잘했어요.
디네쉬: 그런데 30명 정도 모이는 다른 전통(교단) 교회 목사님이 합쳐서 교회 운영하자고 하시더라고요. 그리고 제가 아는 크리스천들도 예배에 참석해도 되냐고 묻고.
일꾼: 별로 좋은 방법이 아닌 것 같은데…, 어떻게 할 거예요?
디네쉬: 공간도 좁고…, 함께 안 하려고요.
일꾼: 좋은 생각이에요. 기존 크리스천들과 함께 하면 형제님 가정 교회가 또 서양식으로 될 거예요. 그 사람들이 의자에 앉자고 하고 할렐루야, 아멘 사용하자고 주장하면 어떻게 할래요?
디네쉬: 혼자서 하려고요.
일꾼: 기존 크리스천들은 이미 예수님을 믿고 있으므로 우리가 그들을 걱정할 필요가 없어요. 우리의 대상은 미전도 종족이잖아요.
디네쉬: 맞아요.
일꾼: 앞으로 그 교회 어떻게 운영할 거예요?
혼자서 다 할 거예요 아니면 다른 사람들을 훈련시킬 거예요?
디네쉬: 훈련시켜서 그들 스스로 운영하게 하고 저는 다른 곳에 가정 교회를 개척할 거예요.
일꾼: 아주 좋은 생각이에요. 그리고 가능하면 빨리 지도력을 넘겨주면 좋을 거예요. 늦어질수록 사람들이 수동적이 되어 목회자에게 의지하거든요.
디네쉬: 저도 가능하면 빨리 넘겨주려고 해요. 그 교회 담임목사 되려는 마음은 없어요.

일꾼: 아, 그렇군요.

다음 주부터 한 사람씩 돌아가면서 성경 이야기를 준비해서 들려달라고 하면 어때요?

디네쉬: 새 신자들인데 지금부터 그런 것을 부탁하면 부담스러워 할 거예요. 성경을 읽기도 힘들테고요.

일꾼: 이렇게 해보면 어떨까요?

요즘 다들 스마트폰을 갖고 있잖아요. 형제님이 매주 예배 모임 마치고 한 사람을 따로 불러서 까타(성경 이야기)를 하나 들려주는 거예요. 그러면 그 사람이 일주일 내내 듣다가 다음 예배 때 들려주는 거죠. 그렇게 돌아가면서 한 사람씩 훈련시키면 짧은 시간 안에 모든 사람을 훈련시킬 수 있고 형제님의 짐도 가벼워 질 거예요.

디네쉬: 한 번 고려해 볼게요.

일꾼: 기도할게요. 잘 할 수 있을 거예요.

디네쉬: 고마워요.

일꾼: 하나님께서 형제님의 마음을 아시니 하나님께서 형제님을 도우실 거예요.

디네쉬: 고마워요.

3 ▶ 크샤트리아
출신의 크리스천: 라께쉬

라께쉬는 60대 초반이며 크샤트리아(힌두 카스트 중에서 두 번째) 출신의 크리스천이다. 현재 북인도에 있는 한 교회의 담임 목사다. 힌두였지만 가족 중 한 명이 중병을 고침 받은 후 교회에 다니기 시작했다. 복음에 대한 열정이 아주 강한 분이다. 일상 대화 도중 그가 갑자기 문화에 대한 이야기를 꺼냈다.

1. 촛불, 향, 힌두와 크리스천의 차이

라께쉬: 어떤 크리스천들은 힌두들처럼 디야(인도식 기름등잔)와 향을 피우고 예배를 드린다고 하더라고요. 저는 그런 것 정말 싫어합니다.

일꾼: 아, 당황스러우셨나 보네요. 저도 처음에 그런 얘기를 들었을 때 마찬가지 감정이었어요. 이해해요. 그런데 그 사람들이 그렇게 하는 이유를 생각해 보면 그리 문제가 되지 않는 것 같아요.

라께쉬: 무슨 말이세요?

일꾼: 복음과 문화를 분리해서 생각할 수 있다는 말이지요. 디야와 향 그 자체가 우상은 아니잖아요. 복음과 상관없는 문화라는 것이죠.

라께쉬: 그러면 힌두들과 똑같이 해도 된다는 말인가요?

그러면 힌두교와 기독교와 무슨 차이가 있나요?

일꾼: 우리는 예수님을 믿는 사람들이고 힌두들은 힌두 신들을 믿는 사람들이잖아요. 아주 달라요. 다만 문화적인 것은 성경에서 자유라고 하니까 우상숭배와 간음과 악한 것들만 제거하고 수용할 수 있다는 거죠.

원래 성탄절과 부활절은 우상숭배 축제였고, 한국의 추석과 설의 관습에도 우상숭배하는 것들이 있었어요. 기독교 지도자들이 우상숭배와 간음 등 악한 것만 제거하고 크리스천들도 참여하게 한 것이지요. 서양이 그랬으니 인도인들도 할 수 있다고 생각해요. 그리고 그것이 성경적이잖아요.

라께쉬: 아무리 그래도 그렇지 어떻게 힌두들과 똑같이 향을 피우고 디야를 켜고 예배를 드린다는 말입니까?

일꾼: 잘 아시다시피, 힌두들은 향, 디야, 꽃, 코코넛 등을 예배의 필수 요소로 생각하잖아요. 그래서 그런 물건들 없이 예배드리면 힌두들은 예배라고 느끼지 않아요. 그리고 의자에 앉지 않고 바닥에 앉아야 예배라고 생각해요.

힌두들은 그런 전통을 수천 년간 이어오고 있어요. 그것이 그들이 생각하는 예배 형태예요. 크리스천들이 다니는 교회에도 예배 형식이 있잖아요. 예를 들면, 인도자가 요청하는 대로 따라서 일어나기도 하고 앉기도 하고 찬양을 부르잖아요. 설교 때는 조용히 들어요. 예배 때 질문을 하면 안되요. 이런 것들이 크리스천들이 생각하는 교회 예배 형식이잖아요.

그런데 문제는 우리 삶의 목적이 무엇인가예요. 우리가 사는 목적이 예수님의 증인이 되고 전도하는 것이라면 힌두들이 '예배'라고 생각하는 형식을 존중해서 예배를 드릴 수 있다고 봐요. 사실 교회 예배 형식은 서양에서 온 거잖아요. 왜 우리가 서양 것은 귀하게 여기면서 인도 것은 우상적으로 여겨야 하는지 모르겠네요.

라께쉬: 우상을 섬기는 힌두들의 예배 형식을 따라서 예수님을 예배 한다고요?

도대체 무슨 말씀을 하시는지 이해가 안 되네요. 아무튼 제 말은, 우리가 힌두처럼 할 수는 없다는 거예요. 똑같이 될 수는 없어요.

일꾼: 저도 크리스천 배경에서 자라왔기 때문에 목사님이 무슨 말씀을 하시는지 깊이 공감해요. 그리고 제가 현재 크리스천의 예배 방식이 다 잘못되었다는 말을 하는 것이 아니에요. 서양식으로 예배드리고자 하는 사람은 그렇게 하면 되겠지요. 다만 힌두와 소통하는 성경적인 방법이 무엇인가에 대해서 나누고 있는 거예요. 인도에 전도가 거의 안 되고 있으니까 전도를 잘 할 수 있는 방법을 성경에 근거해서 찾자는 거예요. 감정적으로 대하시는 것을 조금 피하시고 이성적으로 생각하

시면 제 말이 이해가 될 거예요. 크리스천들은 힌두들과 똑같지 않아요. 크리스천들은 예수님을 믿고 힌두들은 힌두 신들을 믿잖아요. 그것만으로도 엄청난 차이가 있어요.

라께쉬: 크리스천과 힌두가 다르다면서 왜 크리스천들이 힌두처럼 향과 디야를 사용할 수 있다고 하나요?

일꾼: 성경이 가르치는 대로 비본질적인 것 즉 문화적인 것은 사역대상 종족의 문화를 존중할 수 있다는 거예요. 사도행전 15장에 그런 내용이 있어요. 문화는 자유라고. 신약 성경 여기저기에 그런 내용이 많아요. 많은 크리스천들은 힌두문화가 다 우상적이라고 봐요. 그렇다면 그 기준이 뭔가 묻고 싶어요.
우리에게 낯선 것은 다 우상적이라고 생각해야 하나요?
서양문화와 비슷한 것만 기독교 문화라고 할 수 있나요?
많은 크리스천들이 복음과 문화를 제대로 구분을 못해요. 그래서 다른 나라 가서 멀쩡한 문화를 서양문화로 바꾸려고 하지요.
인도에 아름다운 전통 결혼 예복이 있는데, 왜 인도 크리스천들은 서양 드레스를 입어야 하나요?
그것이 예수님을 따르는 사람들이 반드시 따라야 할 복음인가요?

라께쉬: 아무튼 저는 동의할 수 없습니다.

4. 기독교 병원에서 일하는 크리스천: 씨리악

씨리악은 30대 중반으로 남인도 출신의 크리스천이다. 힌두였다가 크리스천이 되었다.

1. 크리스천과 예슈박따의 차이

일꾼: 나마쓰떼!
씨리악: 제이 마시흐 끼!
　　　　어느 나라에서 오셨어요?
　　　　(인도 크리스천들은 크리스천끼리 만나면 '제이 마시흐 끼'라는 인사말을 건넨다. 그러나 힌두들은 그 말의 뜻을 이해하지 못한다.)
일꾼: 저는 한국에서 왔어요. 어느 지역 출신이세요?
씨리악: 저는 남인도에서 왔어요. 이곳에서 직장생활을 하고 있어요. 크리스천이세요?
일꾼: 아니요. 저는 예슈박따예요.

씨리악: 그게 뭐예요?

일꾼: 예수님을 따르는 사람이지요.

씨리악: (미소를 지으며) 아, 크리스천이군요.

일꾼: 저는 크리스천이 아니라 예슈박따예요.

씨리악: 예슈박따와 크리스천의 차이점이 뭔가요?

일꾼: 크리스천은 서양문화 속에서 서양 사람들의 뒤꽁무니를 따라다니는 사람들이고 예슈박따는 인도문화 속에서 예수님을 따르는 사람이지요. 하! 하! 하!

씨리악: 하! 하! 하!

2. 외국어 사용, 향, 디야

씨리악: 저는 힌두였는데 크리스천이 되었어요.

일꾼: 정말 잘 됐네요. 하나님께서 정말 기뻐하실 거예요.
그러면 형제님은 쌋쌍에 가세요?

씨리악: 아니요. 저는 크리스천이니까 처치(교회)에 가요.

일꾼: 쌋쌍은 힌디어고, 처치는 영어인데 왜 힌디어 대신 영어를 쓰세요?

씨리악: 크리스천들은 쌋쌍이라고 하지 않고 처치라고 해요.

일꾼: 보세요. 이것이 생각할 점이예요.
인도 사람들이 예수님을 믿으면 왜 외국 용어를 쓰고 외국 옷을 입고 외국 노래를 불러야 하나요?
크리스천들이 자꾸 외국 것을 따라하면 힌두들이 어떻게 생각할까요?

외국 종교라고 생각하겠지요?

즉 낯설고 이해가 안되는 종교가 되어 전도하기가 힘들어요.

씨리악: 사실 그렇긴 하죠.

일꾼: 형제님이 힌두였다가 크리스천이 되었다니까 잘 이해하실 거예요. 힌두들이 크리스천들에 대해서 어떻게 생각하는지. 이상한 사람들이라고 생각하잖아요. 인도 사람이면서 서양인들처럼 행동하는.

씨리악: 좀 그렇긴 하죠.

일꾼: 예를 들어, 우리가 처치라는 단어 대신에 쌋쌍이라고 하고, 쌋쌍에서 의자가 아니라 바닥에 앉아 향과 디야(인도식 기름등잔)를 놓고 예배를 드리면 어떨까요?

힌두들은 예배 때 꼭 향과 디야와 꽃이 있어야 한다고 생각하잖아요. 그것이 없으면 예배라고 생각하지 않잖아요.

씨리악: 그것은 힌두 예배죠.

일꾼: 우리의 사는 목적이 복음을 전하는 것이라면 우리는 힌두들과 소통을 해야 해요. 힌두들에게 서양 방식을 배우라고 강요하는 것이 아니라 우리가 그들의 방식을 배워서 예수님을 전할 수 있다는 거예요.

우리가 복음을 위해서 비본질적인 것을 양보할 수 있잖아요. 예를 들면, 서양 악기 대신에 인도 악기를 쓰고, 의자에 앉는 대신 바닥에 앉고, 영어 찬양 대신 힌디어 찬양을 할 수 있지 않을까요?

씨리악: 아, 그런 뜻으로 말씀하셨군요.

일꾼: 그리고 향과 디야와 꽃을 통해서 힌두들이 하나님을 깊이 느낄 수 있다면 좋은 것이라 생각합니다. 인간은 감성적인 존재이므로 말씀, 찬양, 기도로 채울 수 없는 부분이 있잖아요.

서양식 교회에서도 십자가, 꽃, 스테인드글라스, 강단 등 각종 물건을 사용해요. 그것을 통해서 사람들은 신에 대한 느낌을 가져요. 그런 것들은 그냥 장식품이 아니라 특별한 의미를 가지고 있다는 말이죠.

씨리악: 크리스천들은 디야와 향을 사용하지 않아요.

일꾼: 그러면 왜 서양문화인 강단, 서양 악기, 영어 찬양은 사용하나요?

서양문화로 장식하는 것은 괜찮고 인도문화로 하는 것은 왜 안되나요?

어떤 이유가 있나요?

씨리악: 크리스천들은 다르니까요.

일꾼: 다른 점을 설명해 주시겠어요?

씨리악: 크리스천들은 고유의 예배 방식이 있어요.

일꾼: 아, 그 서양 예배 방식 말하는 거죠?

씨리악: 그렇죠. 기독교가 서양에서 왔으니까요.

일꾼: 많은 인도인들이 그렇게 생각하지만 사실 기독교는 아시아에서 시작되었어요. 이스라엘이 아시아에 있잖아요. 그런데 왜 서양식으로 예배를 드려야 하나요?

기독교는 원래 서양에서 시작된 것이 아닌데.

씨리악: 저도 모르겠어요. 교회에서 그렇게 하니까 저도 따라서 하는 거죠. 생각해 본 적이 없어요.

3. 성경 다루는 방법

일꾼: 하나님께서는 우리의 마음을 보시기 때문에 우리가 형식에 상관없이 어떤 식으로든 예배를 드리면 받으시겠지만, 문제는 힌두들이 기독교를 이해하지 못한다는 것이죠.
크리스천들은 성경을 바닥에 놓잖아요. 힌두들은 그것을 더럽다고 생각해요. 크리스천들은 성경에 줄을 긋기도 하고 메모도 하고 심지어 성경을 던지기도 하잖아요. 한국 크리스천들도 마찬가지예요. 소중한 경전을 막 던진다니까요. (일꾼이 던지는 시늉을 했다.)

씨리악: 하! 하! 하!

일꾼: 하! 하! 하! 그런데 힌두, 무슬림, 불교도들은 그런 행동을 하지 않아요. 다들 경전을 소중히 여겨요. 크리스천들만 경전을 함부로 다뤄요.
그래서 다른 종교인들이 크리스천들을 '말과 행동이 다른 사람들'이라고 하죠. 맞나요?

씨리악: 하! 하! 하! 맞아요.

일꾼: 형제님이 웃으니까 좋네요. 우리 서로의 관점이 다르지만 이렇게 즐겁게 대화하는 것이 필요하지요.

씨리악: 그럼요. 즐겁게 대화해야지요.

4. 크리스천의 시각, 구약예배와 힌두예배의 유사성

일꾼: 크리스천의 행동으로 결국 전도가 안 되고 있어요. 인도에 기독교가 거의 망했잖아요.

씨리악: 인도 남부와 북동부에는 있지요.

일꾼: 거기에 크리스천들이 많긴 하지만 인도 전체 인구의 2.2%밖에 안돼요. 특히 북인도의 많은 지역은 1%도 안돼요.
망했다는 것과 뭐가 다른가요?
2000년간 2.2%예요. 북인도는 1% 이하.

씨리악: 상황이 어렵긴 하죠. 전도가 어려워요.

일꾼: 왜 그렇게 생각하세요?

씨리악: 기독교와 힌두교가 다르니까요.

일꾼: 뭐가 다른가요?

씨리악: 아, 글쎄요. 많이 다르잖아요.

일꾼: 그러면 많이 달라서 전도가 잘 되나요?

씨리악: 많이 달라서 전도가 안되지요.

일꾼: 그러니까 우리 크리스천들이 우리 자신을 돌아보고 고쳐야 할 것들을 고쳐야 한다는 것이죠. 예수님을 제외하고는 우리가 양보할 수 있잖아요. 문화적인 것들 말이에요. 비본질적인 것으로 싸울 필요는 없다고 봐요.
솔직히 향과 디야와 꽃이 무슨 죄가 있나요?
그것들을 힌두들만 사용하라고 성경에서 말하는 것이 아니잖아요. 오히려 구약시대의 예배 형태가 힌두 예배형태와 아주 비슷해요. 기독교가 구약전통과 멀어진 거예요.

씨리악: 구약에 그런 내용들이 있나요?

일꾼: 그럼요. 아주 많아요. 그러니까 힌두 의식들이 구약에 더 가깝다는 거예요. 그런데 크리스천들은 힌두들이 구약에 가깝다는 것도 모르고 힌두 예배형식을 비난해요. 웃기지 않나요?

씨리악: 하! 하! 하! 잘 생각해 볼게요.
지금 당장은 뭐라고 얘기를 해야 할지 모르겠네요.

일꾼: 다음에 만날 때 더 깊이 얘기해 보죠. 오늘 제가 혹시 무례했다면 용서해 주세요.
형제님을 공격하려고 질문들을 퍼부은 것이 아니라 예수님을 잘 전하려면 어떻게 해야 하는지에 대해서 형제님이 생각해 보길 원했어요. 이건 형제님의 문제가 아니라 기독교 전체의 문제예요. 형제님도 자기도 모르는 사이에 교육을 받아서 생각이 바뀐 것뿐이에요. 저는 이런 대화를 할 때마다 마음이 슬퍼요.

씨리악: 감사합니다.

일꾼: 예수님을 믿는 히브리 랍비가 언젠가 한국을 방문해서 설교를 했어요. 그가 '한국은 영적으로 서양의 식민지다'라고 했어요. 무슨 말이냐면, 방금 우리가 나눈 이야기의 연장선상이에요. 한국 크리스천들도 한국문화를 상당히 버리고 서양문화로 신앙생활을 하고 있거든요. 예배 형태, 전도 방식, 성경공부 방법 등 정말 많아요. 그래서 그분이 그런 말을 한 거예요.

씨리악: 아, 그렇군요. 한국도 마찬가지인가 보네요.

일꾼: 아시아와 아프리카 그리고 남미의 많은 크리스쳔들이 서양식으로 신앙생활을 해요. 그게 성경에서 말하는 것이라고 착각을 하는 거죠.

씨리악: 알겠습니다. 저도 좀 더 생각해 볼게요.
처음 듣는 이야기라서 낯설어요. 아무튼 감사합니다.

일꾼: 제가 감사하죠. 다음에 다시 만나서 더 얘기 나눠요.

씨리악: 그래요.

5 ▶ 인도 기차 안에서 만난
부족 출신의 크리스천: 비나

2012년 말 나는 델리로 가는 기차에서 20대 후반의 한 인도 여자를 만났다. 내 좌석 맞은편에 앉아 있었던 그녀와 잠깐 대화를 나누다가 그녀가 크리스천이라는 사실을 알았다. 그녀는 인도 북동부 부족 출신으로 어려서부터 장로교에서 성장했고, 한 선교단체 소속으로 북인도에서 어린이 선교를 하고 있었다. 나는 장거리 기차 안에서 그녀와 10시간 넘게 인도문화와 복음에 관한 대화를 나눴다.

1. 어린이 사역 접근법

일꾼: 기차 안에서 같은 신을 믿는 사람을 만나다니 참 반갑네요. 인도에 크리스천이 2.2% 정도라는 것을 생각하면 우리가 이렇게 만난 일은 보통 일이 아니에요.

비나: 생각해 보니 그렇네요. 북동부와 남부에는 크리스천이 많이 있지만 다른 지역에서는 아주 적지요.

일꾼: 선교하기가 쉽지 않죠?

비나: 쉽지 않지만 하나님께서 부르셔서 순종하고 있어요.

일꾼: 하나님께서 늘 함께 하실 겁니다. 그러니까 힘내세요. 주님을 위해 열심히 일하면 그만큼 기쁨도 클 거예요.

비나: 감사합니다.

일꾼: 어떤 식으로 선교하고 있나요?

비나: 어린이들을 위한 여러 가지 행사를 통해 초청한 후 정기 모임에 나오도록 하고 있어요.

일꾼: 아, 그렇군요. 열심히 하고 계시네요. 그런데 인도문화에서 어린이들에게만 복음을 전하는 것이 큰 효과가 있나요?

비나: 쉽지는 않지만 아이들이 참가하고 좋아해요.

일꾼: 궁금한 점이 있어요. 아이들이 자매님에게서 예수님에 대해 듣는다 해도 힌두 가정에서 제대로 신앙생활을 할 수 있을까요?

비나: 어렵죠.

일꾼: 제 경험으로도 어려워하는 것 같아요. 아시다시피 인도 사람들은 가정 중심이잖아요. 가정에서 부모님 또는 조부모님이 하라는 것을 거부할 수 없어요. 아이들이 행사를 통해 예수님에 대해 몇 번 들었다고 해서 집에서도 신앙을 유지하기는 힘들다는 거죠. 집에 가면 늘 하던 대로 힌두 신들에게 예배를 드려야 해요. 만약 어떤 어린이가 예수님을 향한 믿음을 잘 유지하더라도 결혼할 때는 또 부모님과 조부모님께 순종해야 해요. 어릴 때는 어느 정도 자유가 있지만 결혼을 할 때는 부

모님이 짝지어 주는 힌두 배우자와 결혼을 해야 하고 결혼한 후에 힌두 종교 의식과 관습을 정기적으로 하지 않으면 난리가 나요. 집에서 쫓겨나거나 맞아 죽지요.

명예살인 들어 보셨죠?

비나: 알고 있어요.

일꾼: 모든 신자가 어려움 속에서도 믿음을 지켜야 하지만, 끝까지 신앙을 유지해서 쫓겨나거나 죽는다 해도 하나님의 나라 확장에는 큰 도움이 안 된다는 거예요. 한 명의 순교자를 통해 여러 명의 사람들이 예수님께 나아올 수도 있지만, 현재 인도에 크리스천이 2.2% 정도밖에 안되는 것을 고려하면 보다 새로운 접근법이 필요하다는 거죠. 북인도에는 1% 미만인 주가 대부분이에요.

지금도 순교자들이 생기고 있는데 왜 힌두들과 무슬림들 그리고 불교도들 모두가 예수님께 나아오지 않을까요?

비나: 무슨 말씀이세요?

일꾼: 우리가 사는 목적이 예수님의 증인이 되는 것인데, 부모님한테서 쫓겨난다면 어떻게 부모님, 친척들, 그리고 이웃들에게 예수님의 증인의 모습을 보여줄 수 있을까요?

다른 지역에 정착한다 해도 그곳 사람들과 신뢰를 쌓기가 쉬운 일이 아니잖아요. 그래서 예수님도 군대 귀신 들렸다가 고침 받은 청년에게 '집으로 돌아가서 주께서 네게 어떤 일을 하셨고 어떻게 불쌍히 여기셨는지 네 가족에게 알리라'(막 5:18-19)고 하셨어요. 즉 사는 곳으로 돌아가서 예수님의 증인이 되라고 하신 거죠.
비나: 맞아요. 그런 내용이 있지요.
그러면 어떤 방법을 추천하세요?
일꾼: 인도문화를 잘 관찰하면 답이 있어요. 아이들을 위해서만 행사를 하지 말고 부모님들도 함께 참여하는 것을 고려해 볼 수 있지요. 그 아이들의 가정을 정기적으로 방문해서 신뢰를 쌓는 것도 한 방법이 되겠죠.

2. 외국어 찬양, 영어 사역

일꾼: 현재 사역하면서 아이들의 집을 방문하나요?
비나: 아니요. 그렇지는 않아요. 그냥 행사만 하고 끝내요. 행사하면서 아이들에게 찬양 가르치고 예수님 전해요.
일꾼: 아이들에게 어떤 찬양 가르치세요? 힌디어? 영어?
비나: 영어요.
일꾼: 왜요?
비나: 아이들과 부모님들이 영어 배우는 것을 좋아하니까요.
일꾼: 그건 인도 상황이라서 이해가 되긴 하지만, 영어 능력 향상과 복음 전파는 구분할 필요가 있다고 봐요. 부모님들과 아이들이 영어 교육을 원하면 행사를 통해서 세속 영어 노래와 회화를 가르치면 되겠지요. 그런데 찬양까지 영어로 가르치면 늘 힌디어를 구사하는 아이들이 예수님을 깊게 이해할 수 있을지 모르겠네요. 많은 인도 학생들이 영어 학교를 다닌다고 해

도 방과 후 친구들 그리고 집안 식구들과 이웃들과 시간을 보낼 때는 힌디어를 사용하잖아요. 예외적으로 영어를 힌디어보다 훨씬 유창하게 하는 학생들이 있긴 하지만요.

지금 사역 대상 학생들이 대화할 때 어떤 언어를 사용하나요?

비나: 다들 힌디어를 사용하지요.

일꾼: 그렇군요. 그렇다면 더더욱 힌디어 찬양을 가르쳐야겠네요. 그리고 기독교 용어와 서양식 기독교 찬양을 가르치면 부모님들은 반사적으로 크리스천들이 우리 애들을 개종시키려고 하는구나 하고 생각해요.

그래도 가난한 가정의 경우 영어 배우고 각종 혜택을 얻기 위해 자매님이 운영하는 모임에 아이들을 계속 보내겠지만, 아이들이 기독교의 영향을 크게 받는다고 생각하면 못 가게 할 수도 있어요. 저는 그런 사례를 이미 많이 들었어요.

자매님도 혹시 그런 사례 들으셨나요?

비나: 저도 들었어요.

일꾼: 그렇다면 새로운 접근법이 필요하다고 생각해요. 교육 이야기를 하다 보니 한 가지가 떠오르네요. 인도에 천주교 학교가 상당히 많고 힌두들과 무슬림들이 천주교 학교의 교육의 질을 신뢰하잖아요. 그래서 자녀들을 천주교 학교로 앞다퉈서 보내고 있어요.

그런데 왜 그 아이들이 몇 년 또는 초중고 전 기간 그러니까 약 12년간 예수님에 대해서 수없이 들음에도 불구하고 믿지 않고 졸업할까요?

심각하게 생각하는 것이 필요하다고 봅니다. 그렇지 않으면 우리가 또 시행착오를 할 수 있어요. 좋은 교육, 행사, 혜택을 제공하느라 힘만 빠지고 학생 한 명도 구원하지 못해요.

비나: 옳은 말씀하셨네요. 그게 사실이에요. 솔직히 행사 하나 준비하려면 힘이 많이 들어요. 함께 일하는 사역자들도 정신이 없어요.

3. 어린이 사역과 대학생 사역에 고려할 점

일꾼: 어린이 사역과 대학생 사역 하는 분들이 쉽게 간과하는 것이 하나 있더라고요.

비나: 그게 뭔데요?

일꾼: 어린이부터 대학생까지는 기성세대의 문화가 아니라 새로운 것을 모방하려는 경향이 강하잖아요. TV와 영화를 통해서 미국문화를 무조건 배우고 있어요. 아시아의 많은 나라들은 한국을 동경하고 한국문화를 배워요. 인도의 청소년과 대학생들은 미국문화와 서양 악기 즉 기타, 드럼, 키보드 등에 관심을 보여요. 그래서 선교사들이 어린이, 청소년, 그리고 대학생 사역을 할 때는 서양식으로 해도 괜찮다고 생각해요. 그럴까요?

비나: 그럴 것 같은데요.

일꾼: 저도 특별한 경우에는 찬성을 해요. 그렇지만 늘 그렇게 하는 것은 선교에 별로 도움이 안된다고 생각해요. 잘 관찰해 보

면, 사람들이 종교 생활과 일상생활을 분리하는 면을 보여요. 힌두, 무슬림, 불교도들도 스마트폰과 자동차를 사용하고 힌두 남자의 경우 서양식 옷을 입고 서양식 건물에서 살고 서양식 교육을 받지만, 종교 생활은 수천 년간 내려온 전통을 포기하지 않는다는 거죠.

힌두 신전에 가보세요. 사람들이 여전히 바닥에 앉아서 만지라, 돌락, 하모늄 등의 인도 전통 악기로 찬양을 해요. 그리고 힌두 예배에 참석한 청소년과 대학생들도 그것이 당연한 것처럼 여기고 참여해요. 누구 하나 '세상이 변했으니 우리도 이제부터 서양 악기로 찬양하자'라고 안 해요.

비나: 재미있는 말이네요.

일꾼: 한국의 불교도와 유교도도 마찬가지에요. 물질적인 면에서는 서양문물 사용을 거부하지 않지만 정신적인 면, 특히 종교적인 것은 수천 년의 전통을 그대로 유지해요. 그래서 절에 가보면 신발을 벗고 신전에 들어가서 향과 촛불을 켜고 불교 형식으로 기도를 해요. 특별한 생각 없이 그렇게 자동으로 해요. 그게 바로 문화라는 거예요.

문화는 우리 크리스천 맘대로 바꿀 수 있는 것이 아니에요. 오히려 선교 대상의 문화 속에 예수님을 넣어서 전해야 그들이 쉽게 이해한다는 거죠.

비나: 한국 불교도들도 향과 촛불을 켜나 보네요.

일꾼: 아직도 그래요. 또 한 가지 흥미로운 것이 있어요. 청년들이 청소년과 청년기 때는 서양문물을 동경하지만 삶에 대한 갖

가지 고민이 생기거나 집안 식구들이 위독하면, 집이나 힌두 신전에서 힌두 예배 형식으로 향, 디야, 꽃을 놓고 기도하고 찬양을 해요. 그들이 일상생활에서는 서양문화와 서양 악기를 좋아하지만 종교 생활에서는 전통으로 돌아가요.

왜 그럴까요?

비나: 그게 익숙하니까 그렇지 않을까요?

일꾼: 맞아요. 익숙한 형식으로 해야 마음에 평안을 느끼는 거죠. 즉 '오늘 신에게 기도했다,' '오늘 신에게 예배 드렸다'는 마음이 생겨요. 그것이 그들이 가진 예배 형식이에요. 기타, 드럼, 키보드로 힌두 신을 찬양해서는 찬양했다는 느낌이 안 들고 즐겁게 놀았다, 파티 했다는 느낌을 가져요.

크리스천들에게 고유한 예배 형식이 있듯이 힌두나 다른 종교에게도 그들만의 예배 방식이 있어요. 그래서 우리가 힌두 대상으로 선교를 할 때는 그들이 편안하게 느끼는 형식이 무엇인지 관찰하고 연구할 필요가 있어요. 그리고 적용을 해야 힌두들이 편안하게 예수님을 예배할 수 있지요. 그렇지 않으면 일만 열심히 하고 한 명도 전도 못한다니까요. 혹시 몇 명 또는 수십 명 전도해도 인도의 복음화 비율 상승에 거의 도움이 안되요.

비나: 그런 말씀을 하시려고 이렇게 설명하신 거군요.

일꾼: 맞아요. 제가 자매님에게 소개한 인도문화로 선교를 해서 열매를 맺는 사람들이 많아요. 수백, 수천, 수만, 수십만 명이 인도문화로 예수님을 예배하고 있어요. 그들은 스스로를 예슈

박따라고 생각해요. 크리스천이 아니라.

비나: 정말 재미있네요.

그런데 형제님은 인도인도 아니면서 이런 것들을 어떻게 아셨어요?

일꾼: 저도 다 배웠어요. 배우고 책을 읽고 고민했어요.

비나: 그러셨군요. 신기해요. 제가 인도인인데 외국인한테서 인도 문화에 대해서 배웠네요. 호! 호! 호!

일꾼: 살다 보면 그럴 때가 있죠. 자매님도 복음과 문화에 대해 더 알고 싶다면 책들을 읽어보세요. 제가 여러 권 추천해 드릴게요.

비나: 감사합니다.

일꾼: 오해하지 마세요. 제가 배운 새로운 방법만이 옳다는 말은 아니 예요. 인도 북동부 나갈랜드나 미조람처럼 전통 서양식으로 열매를 잘 맺는 곳은 서양식으로 하고, 그렇지 않은 곳은 현지 문화를 제대로 존중해서 복음을 전하자는 말이예요. 그런데 많은 사역자들이 상황을 고려하지 않고 서양식으로 하고 있어요. 무슬림, 힌두, 불교문화로 해야 할 곳에서 서양식으로 하고 있다는 거죠.

비나: 아, 이제 이해가 잘 되네요.

일꾼: 이해가 잘 된다니 제가 감사하네요.

비나: 제가 감사하죠. 이런 것에 대해 생각할 수 있게 되어서.

4. 힌두, 무슬림이 크리스천을 바라보는 시각

일꾼: 혹시 아이들 중에 소수라도 서양식 믿음을 지킨다 해도 서양식 문화로 자신의 가족, 친척, 이웃, 동네 사람들에게 예수님을 전하기는 몹시 힘들어요. 서양식 기독교 용어를 쓰면서 접근하는 순간 사람들은 개종시키려고 인도로 돌격해 오는 외국 군대를 연상할 테니까요.

비나: 외국 군대요?

일꾼: 무슬림이나 힌두나 다 기독교 국가들한테서 상처를 받아서 자신의 자녀들 그리고 학생들에게 기독교의 나쁜 점을 지속적으로 얘기해요.

터키 같은 경우, 십자군의 만행을 후세들에게 계속 가르치는데 심지어 전통 카페에 십자군 이야기만 전문으로 들려주는 이야기꾼이 있더라고요. 야만적인 크리스천들을 터키 사람들이 용감하게 무찌른 이야기죠.

비나: 터키에 그런 사람들도 있군요. 힌두와 무슬림들이 크리스천들에 대해 그렇게 안 좋은 인상을 갖고 있는 줄은 몰랐어요. 그냥 다르다고만 생각하는 줄 알았어요.

일꾼: 우리 크리스천들은 주로 크리스천들하고만 교제를 하잖아요. 그러니까 힌두들, 무슬림들, 불교도들이 어떤 생각을 하는지를 알기가 쉽지 않아요.

비나: 그렇네요.

일꾼: 저도 예전에는 다른 종교 사람들에 대해서 문외한이었어요.

5. 옷차림

일꾼: 한 가지 질문이 더 있어요.
　　　어린이 사역을 할 때 어떤 복장을 하세요?
비나: 저는 그냥 지금처럼 입어요. (그녀는 가슴이 깊이 파인 서양식 원피스를 입고 있었다. 인도 여자들은 인도 전통 복장을 한다.)
일꾼: 이렇게 야하게요?
　　　서양식 복장을 하는 크리스천 여자들이 있긴 하지만 자매님의 복장은 사실 크리스천들 가운데서도 드물잖아요. 제가 알기로, 이렇게 입고 다니면 힌두들이 부도덕한 여자, 파티나 다니는 여자, 남자를 쉽게 만나는 서양 여자 같은 여자라고 볼 텐데요. 그렇지 않나요?
비나: 호! 호! 호! 힌두들이 그렇게 본다는 것은 알고 있어요. 그런데 뭐, 저는 어려서부터 습관이 돼서요. 그리고 종교가 다르니까 별 신경 안 썼어요.
일꾼: 자매님이 북동부 부족 출신이라서 그렇게 입고 다니는 것이 한편으로 이해는 돼요. 저에게 북동부 출신 친구들이 있거든요. 한국 여자들처럼 꾸미고 다니더라고요.
　　　그렇지만 사역할 때는 사역 환경을 고려해야 하지 않을까요? 그렇게 입고 사역을 하면 안 좋은 인상을 줄 텐데요.
　　　아이들의 가정을 방문하세요?
비나: 가정을 방문하는 일은 거의 없어요. 그냥 모임을 인도해요.
일꾼: 만약 아이들의 부모님까지 전도해야겠다고 마음먹을 때도 그

렇게 입고 가정방문을 하실 거예요?

비나: 그건 좀 곤란하겠지요. 다음부터는 복장도 고려를 해볼게요.

일꾼: 자매님, 긴 시간 동안 화 내지 않고 잘 응해 주셔서 감사드립니다. 자매님이 어려서부터 크리스천으로 자라서 제가 하는 말에 심한 반감을 가질까 봐 좀 걱정을 했거든요.

비나: 제가 오히려 감사해요. 이런 대화를 통해 많은 것을 생각하게 됐어요.

일꾼: 저도 크리스천 가정에서 태어나고 자라서 처음에는 이런 문화적인 것에 거부감을 가졌어요.

비나: 그러셨어요?

일꾼: 그러다가 인도에 와서 복음과 문화는 별개의 것이라는 것을 배웠어요. 인도가 제 구루(스승)네요. 제가 한국에서만 있었다면 서양문화만이 기독교문화라고 아직도 우기고 있었을 거예요. 하! 하! 하!

비나: 호! 호! 호!

나는 2013년 3월 한 기독교 모임에 참석했다가 그녀를 다시 만났다.

일꾼: 여기서 이렇게 만나다니 정말 반가워요.

비일꾼: 저도 반가워요.

일꾼: 복장을 제대로 하셨네요. 이제 꼭 인도 여자 같아요.

비일꾼: 호! 호! 호! 인도 사람들에게 복음을 전하려면 이렇게 입어

야죠. 그때 기차 안에서 형제님의 말을 들은 후부터 이렇게 입고 다녀요.

일꾼: 정말요?

비일꾼: 예. 정말이에요. 감사드립니다.

일꾼: 제가 감사하네요.

6. 선교단체에서 일하는 크리스천과 예슈박따

1. 외국어 사용, 힌두와 크리스천의 차이

북인도 한 도시에서 일하는 팀이 있다. 그 팀은 몇 개의 부서로 나누어져 있고 다양한 일을 하고 있다. 그런데 그 팀 안에 인도문화를 고려해서 일하는 일꾼들과 서양식으로 일하는 일꾼들이 자주 다투고 있다. 다음은 인도문화를 고려해서 일하는 부서의 부서장과 그의 동료들로부터 직접 들은 이야기다. 대화를 구분하기 위해 서양식으로 일하는 팀을 크리스천, 인도식으로 일하는 팀을 예슈박따라고 했다.

크리스천: 왜 그렇게 선교해요?
예슈박따: 뭘 말씀하시나요?
크리스천: 당신들을 보면 크리스천인지 힌두인지 구분하기가 힘들어요.
예슈박따: 무슨 말씀이세요?

크리스천: 처치, 워십, 할렐루야, 아멘 같은 기독교 용어는 안 쓰고 힌두 용어만 쓰잖아요. 그리고 크리스천이라고 하지도 않잖아요.

예슈박따: 처치, 워십, 할렐루야, 아멘 같은 용어는 서양 용어잖아요. 모든 신자는 자신의 문화와 언어로 예수님을 찬양할 수 있으니까 우리는 힌디어를 사용해야지요.
우리가 왜 외국 용어를 사용해야 하나요?
서양 사람도 아니면서 왜 서양 용어를 써야 하나요?

크리스천: 그런 용어들이 크리스천 용어니까 그렇죠.

예슈박따: 그것은 크리스천 용어가 아니라 외국 용어예요.
도대체 크리스천 용어의 정의가 뭔가요?
인도 신자들이 외국 용어를 쓰면서 신앙생활을 하라는 말이 성경 어디에 있어요?

크리스천: 그런 말이 성경에는 없지만 할렐루야, 아멘 같은 말은 있잖아요.

예슈박따: 그것은 성경 번역자들이 힌디어로 번역을 하지 않고 굳이 외국어를 넣어서 그래요. 원래는 번역을 해야 맞는 것이지요. 뜻도 모르는 외국어를 왜 사용해야 하나요?

크리스천: 외국어면 어떻고 힌디어면 어때요?
아무거나 사용하면 되지요. 예수님을 믿는 것이 중요하죠. 이미 그런 단어들이 성경에 나와 있으니까 사용해도 문제가 안 돼요.

예슈박따: 외국어를 사용하면서 신앙생활을 하는 것이 죄는 아니

지요. 하지만 우리가 자꾸 외국어를 사용하면 전도가 잘 안 되니까 그렇지요. 힌두들이 크리스천들을 보고 인도문화를 버리고 외국 종교를 따르면서 돈 받는 사람들이라고 생각하잖아요.

크리스천: 자기들 맘대로 생각하라고 하세요.

예슈박따: 하! 하! 하!

2. 향, 디야

크리스천: 그리고 당신들은 예배드릴 때 왜 힌두처럼 향을 피우고 디야(인도식 기름등잔)를 켜요? 이해가 안돼요. 보기 불편해요.

예슈박따: 힌두들만 향과 디야를 소유한 것이 아니잖아요.

우리도 향과 디야를 사용해서 예수님을 예배할 수 있는 거 아니에요?

다른 나라 개신교들도 향과 촛불을 켜는 곳도 있어요.

크리스천: 개신교는 그런 거 한다는 말 못 들었어요.

예슈박따: 인도의 개신교 교회 중에서도 촛불을 사용하는 곳들이 있잖아요. 한국의 개신교 교회들 가운데도 전구로 된 촛불을 켜는 곳들이 있대요. 송구영신 예배 같은 특별한 날에는 진짜 촛불을 사용하는 곳도 있고.

크리스천: (침묵)

예슈박따: 그리고 인도 개신교회들도 촛불을 켜잖아요.

크리스천: 촛불이지 디야는 아니잖아요.

예슈박따: 촛불은 외국 거고 디야가 우리 인도 거잖아요.
왜 우리가 항상 외국 것만 쫓아가야 하나요?
성경에 그런 말 없잖아요.

크리스천: 아무튼 우리가 힌두처럼 디야를 켜면 우리를 힌두로 본다니까요.

예슈박따: 그런 걱정 마세요. 우리가 디야를 켜고 예수님을 예배하니까 힌두들이 더 좋아하더라고요. 그래서 힌두들과 좋은 관계를 유지하기 쉬워요. 그리고 예수님에 대해서도 전하고. 그런데 당신들은 크리스천이라고 생각하면서 힌두들과 접촉도 안 하잖아요. 모여서 찬양만 하고 일요일마다 전통(교단) 교회 가서 예배만 드리고 기독교 절기 때만 요란하게 행사하잖아요. 솔직히 이 주위에 사는 힌두들을 몇 명이나 아세요?
힌두들 집에 방문도 안하고 초대도 안 하잖아요.

크리스천: (침묵)

3. 종교 용어 혼란

예슈박따: 그리고 평소에는 처치(교회)라는 단어를 쓰다가 교도소에 가서는 왜 쌋쌍(참 교제, 예배)이라는 단어를 써요?
우리가 처치라는 단어 안 쓰고 쌋쌍이라는 단어만 쓴다고 비난하면서.

크리스천: 특별한 상황이니까 그런 단어를 쓴 거죠. 교도소 사람들은 힌두니까 쌋쌍이라고 해야 이해하죠.

예슈박따: 하! 하! 하! 진짜 이해가 안되네요. 교도소 죄수들이 이해할 수 있도록 쌋쌍이라는 단어를 쓴다고 하셨는데, 그러면 일반 힌두들에게도 그 단어를 써야 이해를 하죠. 처치라고 하면 안 좋은 생각만 하잖아요. 서양 종교다, 돈으로 개종시킨다, 남의 나라 문화 파괴한다. 우리가 전하고자 하는 예수님에 대해 곡해할 수 있으니 쌋쌍을 써야지요. 그래야 신을 예배하는 장소로 생각하죠. 처치라고 하면 힌두들이 신을 예배한다고 생각하나요?

크리스천: 이런 걸로 싸우기 싫어요.

예슈박따: 우리도 싸우기 싫은데 자꾸 당신들이 싸움을 걸어오잖아요. 우리는 계속 인도식으로 예수님 믿을 테니까 제발 비난 좀 하지 마세요. 당신들이나 우리나 다 예수님 믿으니까 싸울 필요 없잖아요.

7 브라민 출신의
크리스천 1: 해리와 조이

    인도 중부에 있는 한 교회에서 만난 인도 크리스천 부부와의 대화다. 50대 중반인 그 부부는 크리스천 가정에서 태어나 지금까지 신앙생활을 하고 있다. 그들은 인도인이지만 영어 이름을 가지고 있다. 여러 번 만나서 서로 친근감을 느꼈을 때 필자가 질문했다.

1. 힌두에 대한 크리스천의 시각

    일꾼: 직장에서 그리고 동네에서 힌두들에게 어떻게 복음을 전하세요?
    해리: 우리와 힌두는 매우 달라서 복음을 전하기 힘들어요.
    일꾼: 다른 점이 많긴 하지요.
            그래도 지혜롭게 적절한 방법을 찾을 수 있지 않을까요?
    해리: 힌두는 기독교에 대해 듣고 싶지 않아 해요.
    일꾼: 왜 그렇게 생각하세요?

해리: 힌두들은 크리스천에 대해서 부정적으로 생각하거든요.

일꾼: 그래도 그들에게 복음을 전해야 하지 않을까요? 그것이 우리가 사는 목적이잖아요.

해리: 그들은 우리가 하는 말을 듣고 싶어 하지도 않아요. 그들과 우리는 아주 달라요.

일꾼: 다른 점이 많긴 하죠. 그런데 제가 사는 곳에서는 인도 사람들이 힌두들에게 복음을 전해요. 그들을 통해 힌두들이 예수님께 돌아오고 있어요. 인도 북동부, 중부, 북부 등에서 수천에서 수십만 명의 힌두들이 복음을 듣고 예수님을 예배하고 있어요.

해리: 다행이네요. 하지만 힌두와 우리는 매우 달라요.

2. 소고기

식사 시간이 되었고 그의 아내(조이)가 식탁에 음식을 놓았다.

조이: 소고기 드세요? 이거 소고기인데.

일꾼: 힌두 대상으로 일을 하고 있어서 소고기를 먹기는 좀 그렇네요. 감사하긴 한데 이거 어떻게 해야 할지 모르겠네요.

조이: 꼭 드시지 않아도 돼요. 다른 음식도 있으니까요.

일꾼: 감사합니다. 그런데 옆집에 힌두들이 사는데 소고기를 드셔도 되나요?

해리: 괜찮아요. 우리는 크리스천이고 그들은 힌두니까요. 서로의 종교를 존중해야지요.

일꾼: 그렇긴 하지만 힌두가 다수인 나라에서 크리스천이 소고기를 먹어도 안전하나요?

힌두들은 소를 신으로 숭배하잖아요.

해리: 괜찮아요. 걱정하지 마세요.

일꾼: 소고기를 먹으면 전도하는데 어려움이 있지 않을까요?

해리: 소고기 먹는다고 말할 필요는 없죠.

일꾼: 힌두들은 이미 크리스천들이 소고기 먹는다는 것을 알잖아요.

해리: 다 알죠. 그러니까 그냥 서로 각자의 방식으로 사는 거죠.

8 ▶ 브라민 출신의
크리스천 2: 라잔

    2016년 초 필자는 몇 개월간 정기적으로 브라민 출신의 크리스천 라잔(20대 초반)을 만났다. 그는 힌두였다가 8년 전부터 예수님을 믿고 교회에 출석하고 있다. 처음에 그는 아버지를 위해 여러 신들에게 기도하다가 혹시 교회에 가서 기도하면 나을지도 모른다고 생각하고 교회에 갔다. 아버지는 돌아가셨지만 영어와 서양 악기에 흥미를 가지고 계속 다녔다. 칠 형제 중에서 자신이 두 명을 전도해서 함께 교회에 다니고 있다. 나머지 형제들은 거부하며 라잔을 핍박했다.

    브라민이 예수님을 믿는 것은 아주 드문 사례다. 인도 크리스천 가운데 5%를 상류 카스트(브라민, 크샤트리아, 바이샤)로 보고 있다. 5%안에 브라민 출신의 신자들이 얼마나 있는지는 정확히 알려져 있지 않다.

    라잔을 만났을 당시 필자는 전보다 더 힌두 상류층과 시간을 많이 보내며 예수님을 전해야겠다고 마음먹고 기도하고 있었다. 그때 마침 라잔을 만났다. 필자는 그와의 첫 만남에서 그가 브라민 출신이라는 것을 알고 그를 제자훈련 시켜 많은 힌두들을 주님께 돌아오도록 하겠다는 희망을 품었다. 아직도 인도에서는 브라민들의 영향력이 크다. 그래서 그를 만날 때마다 일부러 특정 주제에 대해서 대화를 나눴다.

1. 용어 문제: 아멘, 할렐루야

라잔이 오자마자 나는 계획대로 기도하고 대화를 시작하자고 하고 힌디어로 기도를 시작했다. 마지막에 사뜨 구루 예슈 지 께 남 쎄(참 스승이신 예수님의 이름으로) '따타쓰뚜'(그렇게 되기를)라고 했다. 나와 동시에 라잔이 '아멘'(그렇게 되기를)이라고 했다. 나는 기다렸다는 듯이 질문을 했다.

일꾼: 아멘은 히브리어인데 왜 인도에서 히브리어를 사용해야 하나요?

라잔: (침묵)

일꾼: 인도 사람들이 이해하지도 못하는 단어 대신 따타쓰뚜로 하든지 에사 히 호(그렇게 되기를)라고 하면 되잖아요. 크리스천들이 자꾸 외국어를 쓰니까 힌두들이 크리스천을 외국 종교, 외국인을 따른 사람들, 인도문화를 파괴하는 사람들이라고 생각하잖아요.

라잔: 힌두들은 크리스천들을 가장 낮은 계층으로 인식해요. 불과 몇십 년 전까지만 해도 힌두들이 집 안으로 들어오지도 못하게 했어요. 지금은 그 정도는 아니지만 아직도 크리스천들은 천대 받는 사람들이에요.

일꾼: 이런 상황에서 어떻게 복음을 전할 수 있을까요? 중류와 상류층이 천민 대접을 받으려고 크리스천이 될까요?

라잔: 드물게 그런 사람들이 있기는 하죠.

일꾼: 그런 사람들은 너무 적어서 찾기가 힘들 정도잖아요. 어쩌다가 크리스천이 천민 대우를 받게 되었는지 생각해봐야 하지 않을까요?

라잔: 그렇긴 해요.

일꾼: 그러니까 우리가 종교 용어도 적절하게 사용하고 행동으로 예수님의 제자는 다르다는 것을 보여줘야지요. 그래서 따타쓰뚜를 쓰는 거예요.

라잔: 따타쓰뚜는 아멘과 좀 다른 단어 같아요.

일꾼: 무슨 뜻인가요?

라잔: 정확히 설명하기는 힘들지만 좀 다른 것 같아요.

일꾼: 저도 외국인이라서 정확히는 모르지만 이미 이 분야에 대해 많이 연구한 힌두교 브라민 출신의 인도인들과 학자들이 따타쓰뚜가 아멘을 대체하기에 가장 적절하다고 보고 있어요. 만약 따타스뚜가 적절하지 않다면 에사 히 호는 어때요?

라잔: 그건 괜찮은 것 같아요.

일꾼: 할렐루야도 바꿔야 할 것 같은데요.

라잔: 할렐루야는 성경에 있는 단어예요. 성경은 성령께서 영감을 주셔서 번역된 것이라서 잘못될 수가 없어요. 힌디어 성경에 아멘, 할렐루야라고 적혀 있는데 왜 그걸 바꿔야 하는지 모르겠네요.

일꾼: 성령은 완전하시나 우리는 완전하지 않은 인간이잖아요. 그래서 번역하는 과정에 실수가 있을 수밖에 없어요. 한국어 성경에도 부자연스런 번역이 있거든요. 옛날 성경에서는 단어도 오역을 했어요.

라잔: 아, 그렇군요.

일꾼: 힌디어 성경도 새로운 번역이 나오고 있잖아요. 첫 번째 번역이 완벽하다면 새로운 번역을 할 필요가 없죠. 번역을 한다는 것은 뭔가 문제가 있다는 거죠.

라잔: 그렇긴 하네요.

일꾼: 번역할 때 힌두들이 이해하는 단어로 다 바꾸지 않고 왜 아멘, 할렐루야 같은 것은 그대로 나뒀는지 모르겠어요. 그렇게 외국어를 쓰고 싶으면 다른 것도 번역하지 말고 그냥 원어 성경을 볼 일이지. 왜 아멘, 할렐루야 같은 히브리어를 그냥 놔뒀느냐면 번역자들이 서양식 교회에서 신앙생활을 했고 서양식으로 가르치는 신학교나 선교단체에서 교육을 받아서 그래요. 인도 성경을 번역한 사람들도 거의 서양화된 인도인들이에요. 그래서 번역할 때 힌두들을 제대로 고려하지 않은 거죠. 2.2%의 크리스천들을 위해 번역한 것 같아요. 그러니까 힌디어 성경에 문제가 정말 많지요. 새로운 힌디 성경에는 아멘 대신에 따타쓰뚜, 할렐루야 대신에 제이로 번역했어요.

라잔: 첫 번째 힌디어 성경과 그 다음에 나온 물고기 성경이 나온 것은 알지만 그 다음에 새로운 성경이 있다는 말을 듣지 못했어요.

일꾼: 요한복음과 예수님의 생애만 번역이 되었어요. 내가 다음에 보여 줄게요.
라잔: 그래요?
일꾼: 왜 그런 성경이 나올까요? 기존 성경에 번역 문제가 있어서 그래요. 힌두들이 성경을 읽어도 제대로 이해를 못해요.
라잔: 성경에도 서로 이해가 되지 않는 말을 사용하면 서로 아무 도움이 되지 않는다는 말이 있긴 하죠.

2. 용어 문제: 짱가이, 처치, 할렐루야

일꾼: 바로 그거예요.
　　　이해 못하는 단어를 왜 써야 하나요?
　　　짱가이(치유)도 힌디어가 아니라 펀잡어라서 힌디어 사용자들이 이해 못해요.
라잔: 맞아요. 그 단어는 힌디어가 아니라 펀잡어예요. 그럼 무슨 단어를 써야 하나요?
일꾼: 틱.
라잔: 아, 그렇군요.
일꾼: 잘못된 단어는 다 새로 번역해야 해요.
　　　힌디어 성경에 왜 번역 오류가 있는 줄 알아요?
　　　인도인 번역자들이 서양화되었기 때문이에요. 인도문화 배경으로 번역을 해서 인도의 모든 사람이 이해할 수 있게 해야 하는데, 서양문화 배경으로 번역을 하니까 힌두들이 이해를 못하는 거죠. 아주 극소수를 빼고.

라잔: 여호와 증인 같은 경우 자기들이 성경을 맘대로 번역해서 쓰잖아요.

일꾼: 여호와 증인은 복음주의 교단에서 제외하는 대상이니까 그쪽은 언급할 필요가 없을 것 같아요. 내가 말하는 새 번역 힌디어 성경은, 공부를 많이 한 사람들과 실제로 인도문화를 고려해서 선교하고 있는 인도인들이 번역한 것이에요. 지금 그 성경으로 많은 힌두들이 예수님께 돌아오고 있어요. 그 성경도 고칠 부분이 있긴 하지만 이전의 성경보다는 훨씬 낫다는 평이에요. 형제님은 지금 다니고 있는 서양식 교회의 모습만 봐서 모를지 모르지만 인도식으로 정확히 말하면 자기 지역의 문화로 주님을 따르는 사람들이 많아요. 조금이 아니라 수만 수십만 명이에요.

라잔: 그 정도로 많아요?

일꾼: 원하면 나중에 그런 곳을 탐방해 봐요. 내가 연락처를 알려주고 소개해 줄게요.

라잔: 알겠습니다.

일꾼: 처치 대신 쌋쌍(예배)이라는 말도 고려해야 해요.

라잔: 쌋쌍과 우리 기독교 예배는 달라요. 쌋쌍은 힌두 형상들을 놓고 그것에 절하고 예배하는 모임을 말하는 거예요. 그래서 쌋쌍이라는 단어를 쓰면 오해를 할 가능성이 있어요. 그리고 요즘 청소년들은 쌋쌍에 가자고 하면 지루한 것이라고 생각해서 안 가요. 영어를 쓰고 미국 영화 같이 뭔가 재미있는 것

이 있어야 모이지요.

일꾼: 당연히 오해 하겠지요. 그러니까 우리가 하는 쌋쌍에 대해서 잘 설명을 하고 초청을 해야지요. 그리고 먼저 예수님의 제자의 모습을 보여야 사람들이 쌋쌍에 관심을 보이겠죠.

'저 사람은 뭔가 다르다. 궁금하다. 저 사람 안에 어떤 것이 있기에 저렇게 다를까. 저 사람에 대해서 알고 싶다. 친구가 되고 싶다.'

라잔: 그렇네요. 정말 우리가 좋은 모습을 보이면 사람들이 관심을 보일 거예요. '저 사람은 도대체 뭐가 있기에 저렇게 밝고 행복할까,' '어쩌면 저렇게 친절하고 다른 사람들의 어려움을 돌볼까' 알고 싶다고 말할 거예요.

일꾼: 그런데 크리스천이 '처치가자. 처치에 가면 외국인들도 만나고 영어도 배우고 기타와 키보드 등 서양 악기도 사용하고 재미있다.'라고 말하면 사람들이 예배로 인식할까요 아니면 파티한다고 생각할까요?

라잔: 아마도 종교 모임이라고는 생각하지 않겠지요.

일꾼: 그러면 그 사람들이 교회 예배에 와서 편안함을 느낄까요? 계속 다시 올까요, 아니면 한 번 오고 안 올까요?

라잔: 아마도 불편할 거예요.

일꾼: 힌디어에 이미 쌋쌍(예배, 참 교제)이라는 좋은 단어가 있으니 그 단어를 사용해서 초대하거나 삶 속에서 계속 제자훈련 시켜서 우리는 예수님의 제자이고 우리 쌋쌍은 예수님을 예배하는 것이라고 교육해야지요. 지루한 쌋쌍이 아니라 정말 재

미있고 은혜가 가득한 싹쌍이라고 소개해야지요. 그리고 성령님께서 그들의 마음을 만지시도록 기도해야죠. 처치라고 하면 기독교에 대한 온갖 부정적인 생각을 떠올릴 텐데 그것을 사용하는 것이 괜찮은지 생각해 보세요. 포르투갈, 영국, 그리고 다른 기독교 나라들이 인도에 와서 어떤 일을 했는지 알죠?

라잔: 알죠.

일꾼: 다른 힌두들도 역사를 알고 있죠?

라잔: 알고 있어요.

일꾼: 그들이 크리스천이라는 말을 들었을 때 어떤 생각을 떠올리나요?

라잔: 가장 하층 계급이다. 외국 종교를 믿는다. 인도문화를 버리고 서양문화를 따른다.

일꾼: 바로 그게 크리스천이 갖고 있는 평판이에요. 그런 평판이 있는데 처치에 가자고 한다고 해서 따라올 사람이 몇 명이나 될 것이며 예수님 믿을 사람이 몇 명이나 있을까요?

라잔: 거의 없겠지요.

일꾼: 몇 명은 있겠지만 인도 전체 인구로 보면 도대체 전도가 되지 않는다는 말이죠. 그래서 크리스천이 2.2%밖에 없어요. 저도 어려서부터 교회를 다녔지만 예수님을 제대로 알기까지 시간이 오래 걸렸어요. 20년이 넘은 후에야 교회 용어와 예수님을 조금씩 알겠더라고요. 처음부터 쉽게 가르쳤더라면 제가 20년을 힘겨워할 필요가 없었겠지요.

할렐루야는 제이라고 하면 어떨까요?

라잔: 제이는 승리라는 말인데 할렐루야는 하나님을 찬양하라는 뜻이라서 좀 달라요.

일꾼: 달라도 괜찮아요. 그 지역 사람들이 쓰는 단어 중에서 가장 적절한 것을 찾는 것이 번역이지 똑같은 것을 찾아야 하는 것은 아니거든요. 가장 비슷한 단어로 번역하고 부족한 의미는 설명을 덧붙이면 되죠. 아프리카의 한 부족은 양을 듣지도 보지도 못해서 성경 번역자들이 돼지라고 번역했대요. 하나님의 돼지 새끼.

라잔: 하! 하! 하!

일꾼: 하! 하! 하! 그 부족은 우상에게 돼지를 드렸기 때문에 성경 번역자들이 그렇게 한 거죠. 그래야 사람들이 이해하니까요. 한국성경에도 비슷한 내용이 있어요. 한국에 올리브나무가 없어서 무슨 단어로 번역할까 하다가 중국어 성경에 감람나무라는 단어가 있어서 그 단어를 사용했대요.

라잔: 아, 그렇군요.

일꾼: 어휘 수가 히브리어와 그리스어보다 적은 민족들이 있어요. 그런 사람들에게는 히브리와 그리스어 성경의 모든 내용을 제대로 번역하기가 불가능하겠죠.

그러면 그런 사람들은 구원을 못 받을까요?

라잔: 한 번도 생각해 보지 않았어요.

일꾼: 우리가 성경의 모든 말씀을 정확히 번역하고 이해해서 영생을 얻는 것이 아니라 은혜를 통해서 선물로 받는 거죠. 번역

이 조금 부족하거나 오역이 있다고 해도 성령님은 우리의 상황 속에서 가장 선하게 인도하시므로 걱정할 필요가 없어요. 제대로 번역된 성경의 다른 부분을 통해서 하나님이 무엇을 말씀하시고자 하는지 알 수 있으니까요.

이게 바로 하나님의 경이로움이에요. 제가 하고자하는 말은, 인도문화에 맞게 최선을 다해 번역을 하되 부족한 부분은 하나님의 은혜에 기대야 한다는 거예요.

어떻게 생각해요?

라잔: 듣고 보니 그렇네요.

일꾼: 힌디어 성경에 번역을 제대로 못한 부분이 많이 있어요. 번역은 말 그대로 상대방이 잘 이해하도록 하는 작업이잖아요. 만약 상대방이 제대로 이해를 못하면 그 번역은 잘못된 것이지요. 번역한 분들이야 나름대로 최선을 다했겠지만 힌두들이 그 성경을 제대로 이해 못하고 전도에 별 도움이 안 된다는 연구가 계속 나오고 있으니까 다시 해야죠. 서양문화 또는 다른 문화의 영향을 받아 번역한 부분을 고수하면서 절대 안 된다고 할 것이 아니라 수용하고 다시 번역을 해야지요.

3. 용어 문제: 쁘라짜르, 무사, 크리스천, 마시흐, 깔리씨야

일꾼: 쁘라짜르와 쁘라바짠이 어떻게 다른 줄 알아요?

라잔: 같은 것 같은데요.

일꾼: 복음과 문화에 대해 고민을 많이 하는 사람들은 그 두 단어가

다르다고 생각해요. 쁘라짜르는 정치가가 일어서서 하는 말이고, 쁘라바짠은 종교 지도자가 바닥이나 의자에 앉아서 하는 말이에요. 그런데 교회에서는 쁘라짜르라는 단어만 사용하고 있잖아요.

라잔: 쁘라짜르라는 말을 설교라고 표현할 수 있다고 생각해요. 미디어에서 광고할 때나 새로운 것을 소개할 때도 쁘라짜르라고 해요.

일꾼: 그러니까 그 단어는 종교적인 말씀을 표현할 때 적절하지 않다는 말이잖아요.

라잔: 쁘라짜르라는 단어를 들으면, 사람들은 종교 지도자가 말씀을 전한다, 그리고 그 지도자를 신처럼 떠받들어야 한다고 생각해요.

일꾼: 정말요?

제대로 알고 말하는 거예요?

이 단어도 이미 연구가 많이 되어 있어요. 쁘라짜르는 보통 정치가들이나 미디어에서 하는 것을 말하고, 쁘라바짠은 종교지도자가 영적인 것을 말하는 것을 뜻한다고. 실제로 저도 그 조사에 여러 차례 참여했어요. 백 명이 넘는 사람들이 각자 5-10명의 힌두들에게 질문을 했어요. 그러니까 천 명 가까운 힌두들에게 물어본 거죠. 두 단어 중에 어떤 것이 종교적인 용어냐고. 천 명을 한 번에 조사한 것은 아니고 보통 한 번에 50-100명 정도의 힌두들에게 질문을 했어요. 그 결과, 어떤 때는 약 80%, 어떤 때는 약 90%, 어떤 때는 100%가 쁘라바짠이라고 표시했어요. 궁금하면 형제님이 길거리나 아는 힌두들 수십 명에게 물어봐요. 그러면 금방 알게 될 거예요. 한두 명에게 물어보지 말고 최소한 수십 명에게 물어봐야 정확한 답을 알 수 있어요.

라잔: 아, 그렇군요.

일꾼: 지금 용어 이야기를 하는 이유는 낯선 단어가 전도와 예수님의 증인의 삶을 보여주는데 부정적인 영향을 주기 때문이예요. 크리스천들에게 적절한 용어를 다시 가르쳐야 해요. 복음 전파에 대해 고민을 많이 하는 지도자들과 학자들이 하는 말이에요. 저도 동의하고요. 궁금하면 밖에 나가서 힌두들한테 물어봐요. 크리스천들에게는 물어보지 마세요. 그들은 교회에서만 살기 때문에 힌두문화를 제대로 모르잖아요. 그리고 크리스천들의 95%가 하층 카스트 출신이기 때문에 힌두교에 대해 정확한 답변을 못해요.

라잔: 그건 맞는 말씀이네요.

일꾼: 아무튼 종교적인 말씀에 어떤 단어가 적절하냐고 물어보면 명확한 답이 나올 거예요. 다른 지역에서도 사람들이 조사를 했어요. 80-100% 힌두들이 쁘라바짠이라고 답했어요.

왜 우리가 이런 토론을 하는 줄 알아요?

형제님은 왜 세상에 살아요?

라잔: 하나님을 예배하기 위해서요.

일꾼: 아, 그러니까 일주일에 한두 번 교회에서 예배드리는 것이 삶의 목적이라는 말인가요?

라잔: 열심히 예수님을 섬겨야죠.

일꾼: 당연히 그래야죠.
　　　세상에 나가서 예수님을 전하는 것에는 관심이 없어요?

라잔: 전해야죠.

일꾼: 바로 그거예요. 전하기 위해서는 사람들이 이해하는 방법과 단어를 써야 해요. 그렇지 않으면 어떻게 사람들이 이해하겠어요.
　　　무사(모세)라는 뜻 알아요?

라잔: 모르겠네요.

일꾼: 쥐라는 말이잖아요. 지역에 따라 속이는 자라는 뜻도 있어요. 우리가 모세를 무사로 표현하면 힌두들이 우리말을 듣겠어요?

라잔: 하! 하! 하! 그 단어는 안 좋네요.

일꾼: 하! 하! 하! 무사 대신 무사피르 어때요?
　　　방랑자라는 뜻이잖아요. 실제로 모세는 백성들을 데리고 방랑했잖아요.

라잔: 그건 좋네요.

일꾼: 이렇게 성경 번역이 잘못된 것이 있어요. 크리스천, 제이 마시흐 끼(승리하신 그리스도의 이름으로), 예슈 마시흐(예수 그리스도), 마티(마태), 유한나(요한) 등도 적절하지 않은 단어들이예요. 크리스천 대신 예슈박따라고 하면 되잖아요.

라잔: 그렇게 해도 될 것 같아요.

일꾼: 마시흐가 무슨 뜻인 줄 알아요?

라잔: 예수님의 성(surname) 아닌가요?

일꾼: 하! 하! 하! 마시흐는 그리스도(메시아)라는 뜻의 아랍어예요. 히브리어로는 마시아흐라고 해요. 아랍어와 히브리어는 인접 지역에 있어서 같거나 비슷한 단어가 많아요.

라잔: 그렇군요. 저는 예수님의 성인 줄 알았어요.

일꾼: 사실 저도 형제님 나이될 때까지 그리스도라는 뜻을 제대로 몰랐어요.

라잔: 하! 하! 하!

일꾼: 하! 하! 하! 목사님이나 주일학교 선생님이 기름부음 받은 자를 뜻한다고 분명히 알려주셨겠지만 한국문화에서 그런 말을 쓰지 않으니까 이해가 안 되고 기억이 안됐어요. 그래서 뜻도 모른 채 20년 이상을 습관적으로 썼어요.

라잔: 그렇군요.

일꾼: 인도에서 성경 번역할 때 그리스도라는 뜻으로 마시흐를 썼어요. 인도 크리스천들은 자신들이 힌두와 다르다는 것을 나타내기 위해 힌디어 종교 단어를 피하고 아랍어를 써서 그런 현상이 일어났어요. 그 결과 힌두들이 그 단어를 이해 못해요. 그냥 예슈 지(예수님)라고 하면 굳이 외국어를 써서 그렇죠.

라잔: 그런 배경이 있었군요.

일꾼: 그리고 그분은 참 스승이니까 싸뜨 구루 예슈 지(참 스승이신 예수님)를 붙이면 훨씬 좋지요.

라잔: 싸뜨 구루요? 그건 힌두들이 쓰는 표현이잖아요.

일꾼: 성경에 예수님이 참 스승이라고 쓰여 있잖아요. 그러니까 우

리도 쓸 수 있죠. 이것도 힌두인 천여 명을 대상으로 이미 조사를 했어요. 한 지역이 아니라 다양한 지역에서.

힌두들이 처음에는 싸뜨 구루가 누구냐고 묻지만 예수님이라고 하면 말하면 금방 이해해요. 그런 다음 싸뜨 구루 예수님에 대해서 계속 전해야죠. 싸뜨 구루라고 하면 시크교의 구루들이냐고 묻기도 하지만, 조사 결과 그냥 예슈 지라고 하는 것보다 싸뜨 구루라고 붙이면 훨씬 낫다는 것이 밝혀졌어요. 깔리시야(교회)도 외국어잖아요.

라잔: 그건 힌디어 아니에요?

일꾼: 하! 하! 하! 그리스어예요. 그리스어를 힌디어 발음으로 표시한 거예요.

왜 인도인들이 그리스어를 사용해야 하나요?

그렇게 외국어가 좋으면 아예 힌디어 성경 대신 그리스어나 히브리어로 된 성경을 쓸 것이지.

라잔: 하! 하! 하! 그렀네요. 생각해 보니 사람들이 모르는 단어를 쓰는 이점이 없는 것 같네요.

4. 사는 목적

일꾼: 이렇게 성경에 고쳐야 할 표현과 단어가 많아요. 나는 인도인이 아니라서 인도문화에 대해서 아는 것이 한계가 있어요. 그러니까 목사님하고 얘기 나눠 봐요. 그분도 이런 것에 대해 서서히 생각하기 시작했어요. 형제님과 목사님은 인도인

이니까 대화가 잘 통할 거예요. 그리고 다른 사람들한테는 이런 대화를 하면 혼란스러워 할 수도 있으니 일단 피하고 형제님이 고민을 많이 해보고 생각이 정리되면 나눠 보면 좋을 듯해요.

라잔: 제 생각에 담임 목사님이 논의 대상자로 적격일 듯해요. 그분은 성경뿐 아니라 다른 책들도 많이 읽어서 통찰력이 있어요.

일꾼: 와. 대단한 분이네요. 성경 번역과 문화 문제를 제기하는 사람들도 다양한 책들을 읽고 공부도 많이 한 사람이에요. 그리고 실제로 사역하는 사람들이 대다수예요. 사역하면서 문제를 계속 목격한 거죠. 형제님은 힌두였다가 이곳에 있는 교회만 참석해 봤잖아요. 인도의 많은 지역에서 인도문화를 고려해서 사역하는 사람들이 많아요. 정확히는 모르겠지만 백 군데 정도 되는 것 같아요. 나중에 기회가 되면 그런 곳에 견학을 가 봐요.

라잔: 무슨 교단이에요?

일꾼: 형제님이 다니는 교회처럼 독립 교회예요. 아무튼 교회 목사님과 얘기 나눠 봐요.

라잔: 제 생각에 먼저 누구보다도 성령님께 기도해서 물어봐야 할 것 같아요.

일꾼: 당연하죠. 성령님께 기도하고 목사님하고 얘기해 봐요. 형제님의 사는 목적이 뭐라고 했죠?

라잔: 복음을 전하는 거요.

일꾼: 그러면 일주일 동안 크리스천들하고 시간 보내요, 아니면 안

믿는 사람들하고?

라잔: 크리스천요.

일꾼: 그러면 어떻게 복음 전해요?

라잔: 하! 하! 하! 저도 이 습관을 바꿔야 한다고 생각해요.

일꾼: 맞아요. 우리 모두가 바꿔야 해요. 만약 우리가 예수 믿고 예배드리는 것에만 만족하면 예수님의 참 제자가 아니지요.

라잔: 그래도 믿는 자들과도 시간 자주 보내야 영적 양식을 얻잖아요.

일꾼: 당연하죠.
일주일에 몇 번 만나고 싶어요? 한 번? 두 번?

라잔: 일요일, 구역 모임, 기도회. 세 번 정도는 괜찮을 것 같아요.

일꾼: 좋네요. 세 번 만나고 나머지 시간에는 안 믿는 사람들을 만나면 되겠네요.

라잔: (당황스러운 표정을 지으며) 하! 하! 하! 그렇겠네요.

5. 채식과 육식, 소고기

라잔: 집에서 어떤 음식 요리하세요?
한국음식 아니면 인도음식?

일꾼: 둘 다 해요. 제 아내가 인도음식을 배우고 있어요. 가끔 인도 친구들한테.

라잔: 그렇군요. 저도 요리하는 것 좋아해요.
채식하세요, 아니면 육식하세요?

치킨 좋아하세요?

일꾼: 우리는 예수님의 진리를 소개하게 하는데 도움이 되기 위해서 집에서는 채식만 하고 있어요.

라잔: 그게 무슨 말씀이세요?

일꾼: 육식을 하면 채식주의자들에게 복음을 전하기 힘들잖아요. 인도에 채식주의자가 무려 30%나 돼요. 즉 3억 6천만 명이 넘는 거죠.

라잔: 그렇게 많아요?

일꾼: 책에서 봤어요. 그리고 제 주인댁이 브라민인데 채식만 해요. 우리가 육식을 하면 우리를 불편하게 생각할 거예요. 가끔 주인댁이 우리에게 요리를 해서 가져다 줘요. 우리도 가끔 한국 채식 만들어서 드려요. 그런데 우리가 육식을 하면 모든 것이 끝나요.

라잔: 그러시군요.

일꾼: 육식을 하는 것에 대해서 상류 카스트의 인식을 알고 있으리라 생각해요.

라잔: 예. 알고 있어요. 육식을 하면 영적으로 오염되었다고 생각해요. 고기를 요리한 장소도 오염되었다고 생각해요.

일꾼: 바로 그런 이유로 우리 집에서는 고기를 요리하지 않아요. 집 밖에서는 육식을 하니까 뭐, 그렇게 불편한 것은 아니에요.

라잔: 그러시군요.

일꾼: 형제님은 채식해요, 아니면 육식?

라잔: 육식해요. 닭고기는 먹어요.

일꾼: 다른 고기는 안 먹어요?

라잔: 예전에 소고기를 먹었어요.

일꾼: 엥?

브라민 출신이면서 소고기를 먹었어요?

라잔: 제가 교회 다니기 시작했을 때 어느 날 사람들이 교회에 오라고 하더라고요. 가보니 모여서 모모(만두)를 만들었더라고요. 먹으라고 해서 제가 무슨 만두냐고 물었더니 닭 만두라고 해서 먹었어요. 조금 있다가 한 형이 '네가 지금 무슨 고기 먹은 줄 아냐?'고 묻더라고요. '닭고기 아니에요?'라고 물었더니 그 형이 '소고기야'라고 말하더라고요. 제가 너무 놀라서 먹고 있던 것을 으악 하고 뱉어내고 다시 안 먹었어요.

일꾼: 그분 너무 했네요.

아니, 어떻게 브라민 출신 형제에게 소고기를 몰래 먹여요? 그때 기분이 어땠어요?

라잔: 정말 안 좋았어요. 소고기를 한 번도 안 먹은 상태에서 그렇게 속아서 먹었으니까요. 몹시 당황했어요.

일꾼: 포르투갈 사람들이 그런 식으로 힌두를 크리스천으로 개종시켰어요. 소고기와 술을 먹어야 크리스천이 된 증표라고 하면서 강요했지요. 그렇게 몇 명은 개종시켰지만 98%의 인도 사람은 개종시키지 못했잖아요. 힌두들이 소를 신으로 섬기는 상황에서 크리스천들이 소를 먹으면 어떻게 전도를 할 수 있겠느냐고요.

라잔: 예. 맞아요. 외국인들이 힌두들을 개종시킬 때 그렇게 했

어요. 저도 그런 얘기는 많이 들었어요.

일꾼: 새 신자에게 소고기 먹이는 것에 대해 어떻게 생각해요?

라잔: 좋지 않다고 생각해요. 스스로 먹으면 몰라도 강제로 그렇게 하는 것은 좋지 않다고 생각해요.

6. 크리스천과 예슈박따의 차이점

일꾼: 이 책 『생수와 인도그릇』(*Living Water and Indian Bowl*) 정말 좋아요. 시험 끝나면 읽어봐요. 왜 인도에 기독교가 실패했는지 분석한 책이예요. 외국인이 아니라 인도인이 쓴 책이예요. 다야난드 바라띠. 왜 힌두들이 크리스천들을 싫어하는지 다 쓰여 있어요. 크리스천들은 다른 종교 사람들과 어울리지 않고 크리스천끼리만 어울리잖아요. 아멘, 할렐루야, 처치 등 이상한 단어를 쓰면서 복음과 상관없는 힌두문화를 다 우상시하고 서양문화를 따르잖아요. 그러니까 힌두들이 보기에 얼마나 이상하겠어요.

라잔: 맞아요. 크리스천들끼리만 어울려요. 매일 일 년 내내.

일꾼: 예슈박따하고 크리스천의 차이점이 뭔지 알아요?

라잔: 몰라요.

일꾼: 예슈박따는 예수님의 뒤를 따라가는 사람들이지만 크리스천은 비데쉬(외국인) 뒤를 졸졸 따라 다니는 사람들이죠.

라잔: 하! 하! 하!

일꾼: 하! 하! 하! 물질적인 혜택을 받으려고 외국인 뒤를 졸졸 따

라다니는 거 아닌가요?

솔직히 맞는 말 아닌가요?

라잔: 가난하거나 하층 카스트들은 혜택을 바라고 교회에 오는 것 같아요. (일꾼은 1개월 후 쯤 라잔도 교회에서 정기적으로 물질적 혜택을 받고 있다는 것을 알았다. 라잔의 가정은 브라민 출신이지만 경제적 여건이 어려운 상태였다.)

일꾼: 힌두들과 무슬림들은 크리스천이란 단어를 듣기만 하면 안 좋은 이미지를 떠올리는데 왜 우리가 굳이 크리스천이라는 단어를 써야 하나요?

그리고 크리스천이란 단어는 영어잖아요.

형제님은 인도인인가요, 아니면 외국인인가요?

라잔: (당황스런 표정을 지으며) 저는 인도인이지요.

일꾼: 그런데 왜 외국인처럼 행동하는지 궁금하네요. 교회 가서 외국문화를 배우고 있잖아요.

라잔: 하! 하! 하!

일꾼: 형제님을 비난하는 것이 아니라 인도 교회 문화의 이상한 점을 지적하는 거예요. 사실 형제님도 피해자예요.

인도인이면서 왜 서양문화를 따라야 하나요?

라잔: 그렇긴 하네요.

일꾼: 외국문화는 전도에 도움도 안 되잖아요.

인도가 얼마나 위대한 유산을 갖고 있는 줄 알아요?

영국이 인도를 점령하기 전에는 인도가 유럽 국가들보다 잘 살았어요.

얼마나 훌륭한 철기 문화를 이룩했는지 알아요?

델리에 있는 찬드라굽타 2세의 철기둥이 그 증거지요. 무려 1700년 전에 세운 기둥이 아직도 거의 녹슬지 않고 있어요. 세계의 과학자들이 놀랄 정도예요.

라잔: 저도 그 철기둥 알아요.

일꾼: 그리고 서양 의학도 원래 인도에서 시작됐어요. 유럽 사람들이 배워서 더 발전시켰을 뿐이에요.

라잔: 그래요?

그런 얘기는 처음 들어요.

일꾼: 책에 다 나와 있어요. 형제님은 외국인이 아니라 인도인이라는 사실을 절대 잊어서는 안 돼요. 외국인처럼 살면 전도 못 해요.

라잔: 알겠습니다. 인도인이라는 생각을 잊지 않을게요.

일꾼: 오늘 저는 행복해요. 형제님이 인도인이라는 사실을 알게 되어서요.

라잔: 하! 하! 하!

일꾼: 하! 하! 하!

7. 외국 이름 짓기

일꾼: 남인도 고아에 가니까 인도 크리스천들의 이름이 황당하더라고요. "제 이름은 페르난데스입니다," "제 이름은 리차드입니다"라고 하더라고요.

라잔: 하! 하! 하!

일꾼: 하! 하! 하! 인도 사람에게 인도 이름이 얼마나 아름답고 기억하기 쉬운데 그걸 모르고 크리스천들은 외국 이름을 사용하고 있어요.

라잔: 그런 것은 남인도 크리스천들이 좀 심해요.

일꾼: 왜 인도에서 크리스천이 2.2%밖에 되지 않는지 늘 생각해야 해요. 방금 이야기 나눈 것들이 그 원인이에요.

라잔: 그 정도밖에 안되요?
누가 조사하는 거예요?

일꾼: 조사하는 단체들이 있어요. 아무튼 전도가 안되는 이유는 크리스천의 행동 때문이에요. 형제님을 통해 많은 인도인들이 주님께 오기를 기도하고 있어요. 어제 제 아내하고 형제님을 위해 기도했어요.

라잔: 정말요? 정말 감사드립니다.

일꾼: 앞으로도 형제님을 위해 자주 기도하려고 해요.

라잔: 정말 감사드립니다.

일꾼: 형제님을 알게 되어서 제가 감사하죠.

8. 우상에게 바쳐진 음식, 결혼 표시

며칠 후 라잔을 다시 만났을 때 필자가 또 힌디어로 기도하면서 외국어를 제외했다. 필자가 아멘 대신에 '에 사 히 호'(그렇게 되기를)로 하자 라잔도 '에 사 히 호'를 따라했다. 전에는 기도할 때마다 '아멘'이라고 했던 형제가 바뀐 것이었다.

일꾼: 왜 인도에 기독교가 약한지 고민해야 해요. 힌두들이 복음을 이해를 못하기 때문이죠. 그들에게 이해할 수 있는 복음을 전하기 위해서는 문화를 고려해야 해요.

복음서가 좋은 예에요. 복음서 저자들이 복음서를 유대인들이 사용했던 아람어가 아니라 당시 지중해 지역의 공용어였던 그리스어로 썼어요. 복음서를 읽을 대상을 고려한 것이지요. 심지어 유대인을 위해 쓴 마태도 그리스어로 썼어요. 사도 바울도 그의 서신들을 그리스어로 쓰고 그리스 사람들에게 복음을 전할 때 그리스 용어 즉 우상숭배자들이 사용하는 용어로 복음을 전했어요. 그 대표적인 것이 로고스예요. 로고스가 히브리어가 아니라 우상숭배자들의 언어였다니까요.

라잔: 그래요?
로고스가 원래 히브리어가 아니었나요?

일꾼: 원래 그리스어예요. 즉 우상숭배자들의 언어였던거죠. 그리고 사도 바울이 아테네에서 복음 전할 때 그리스 시인 즉 우상숭배자의 시를 인용하기도 했어요.

예수님을 따른 위대한 사도 바울이 이방 문화를 접촉점 삼아 복음을 전한 예를 참고해서 우리도 힌두들에게 전할 때 힌두 용어를 선택해야 해야 하지 않을까요?

사도 바울처럼 힌두 경전이나 힌두 시인들의 작품도 인용할 수 있지 않을까요?

라잔: 사도 바울이 그런 단어를 썼군요.

일꾼: 내가 만약 힌디어에 가끔 한국어를 섞어서 형제님에게 예수님에 대해서 말하면 형제님이 이해할 수 있을까요? (나는 실제로 힌디어에 한국어 단어 몇 개를 섞어서 그에게 말했다.)

라잔: 무슨 말인지 전혀 이해할 수가 없어요.

일꾼: 이게 바로 외국어 사용의 문제점이에요. 듣는 사람이 제대로 이해를 못한다니까요. 예를 들어, 우리가 계속 언급한 할렐루야, 아멘, 마시흐, 짱가이, 호산나, 빠다르, 쁘라짜르 등 크리스천이 쓰는 외국어 또는 서양화된 힌디어를 사람들이 이해 못해요.

라잔: 사실 그런 면이 있어요.

일꾼: 그리고 그 밖의 문화도 존중해야지요. 결혼한 여자는 신두르(가르마에 찍는 빨간 점), 빈디(이마에 찍는 빨간 점), 망갈수뜨라(목걸이), 뱅글(팔찌), 발찌를 해야 해요.

라잔: 저도 신두르, 빈디, 망갈수뜨라는 괜찮다고 생각하는데 힌두 종교 의식에 함께 앉고 제단에 드려진 쁘라사드는 먹어서는 안되요. 미타이 아시죠?

일꾼: 종교 의식에 앉아 있으면 우리를 힌두로 오해할 수 있으니까 그것은 피해야죠. 그렇지만 미타이 먹는 것은 문제가 안 된다고 생각해요.

라잔: 아니에요. 성경에 우상의 음식을 먹지 말라고 했어요.

일꾼: 어디에 그런 내용이 있어요?

라잔: 있어요.

일꾼: 내가 알기로 사도 바울은 우상의 제물을 먹어도 된다고 했어요. 잠깐 내가 찾아볼게요.

여기 고린도전서 8장을 보세요. 제물은 헛된 신에게 드려진 것이고 우리가 유일한 주님은 하나님밖에 없다는 것을 알고 있으므로 먹어도 된다고 나왔어요.

라잔: 저한테도 보여주세요. (고린도전서 8장을 읽은 후) 그런데 그 다음 구절부터는 먹지 말라고 했어요.

일꾼: 잠깐만요. (일꾼은 5절 이후의 내용으로 인해 잠깐 헷갈렸다가 다시 성경을 읽고 나서 말했다.) 1절에서 4절까지와 그 후의 내용은 달라요. 4절까지는 우상의 제물을 먹어도 된다고 나왔어요. 먹어도 되냐 안 되냐는 질문이 있다면 먹어도 된다고 대답해야 해요. 그러나 5절부터는 만약 우리가 우상 제물 먹는 것을 보고 믿음 약한 형제가 혼란스러워 한다면 먹지 말라는 말이죠. 만약이라고 조건이 설정되어 있어요.

라잔: 제 생각에는 우상의 제물을 먹지 말라고 하는 내용 같은데요?

일꾼: 잘 구분해서 생각해 봐요. 1절에서 4절, 그리고 5절에서 끝까지.

라잔: 집에 가서 잘 생각해 볼게요.

일꾼: 그래요. 만약 우상의 제물을 먹지 말라고 한다면 우리는 세상에 살 수 없어요.

라잔: 무슨 말이세요?

일꾼: 인도 인구 약 1억 8천만 명 중에 힌두가 약 81%, 무슬림이 약

15%, 그리고 크리스천은 2.2%예요. 힌두와 무슬림이 다수인 나라죠.

힌두와 무슬림 농부들이 농사지으면서 신에게 기도를 드려요. 즉 그들의 농산품이 다 그들의 신에게 바쳐진 제물인 거죠. 신전에 바쳐진 것만 제물이 아니라 그들의 모든 삶 속에서 그들이 자신들의 신에게 드린 것은 다 제물이죠.

자, 그럼, 크리스천들이 그들의 농축산품을 안 먹고 어떻게 살 수 있나요?

그래서 하나님께서 제물을 먹어도 된다고 한 것 같아요. 안 그러면 크리스천들 다 죽어요. 중동이나 북아프리카로 단기 선교여행을 간다고 생각해 봐요. 그곳에는 몇 나라를 빼고 복음주의 크리스천이 1%도 안되요(이라크 0.2%, 시리아 0.1%, 튀니지 0.03%, 모리타니아 0.1%, 모로코 0.03%, 이란 0.4%. 출처: 죠수아 프로젝트. 2016). 심지어 서 사하라는 명목상 크리스천도 0%고, 복음주의 크리스천도 0%예요. 그런 지역에서는 농축산물을 무슬림들이 생산하거나 다른 나라에서 수입한다는 말이죠. 무슬림들은 농사짓고 동물을 죽일 때 자신의 신에게 기도해요.

그곳으로 단기선교여행 간 사람들은 무슬림들이 생산한 농축산물을 먹어야 할까요?

아니면 먹지 말고 늘 금식해야 할까요?

라잔: 아, 그렇군요. 그런데 제물에 대해서는 주님이 하신 말씀이 아니라 사도 바울의 개인의 의견이잖아요.

일꾼: 개인의 말씀이지만 하나님께서는 그를 통해서 우리에게 말씀하시는 거죠. 만약 그의 의견이 아무 가치가 없다면 그가 쓴 신약 성경 14권도 가치가 없는 거예요. 지금 우리가 믿고 있는 기독교의 핵심은 사도 바울이 쓴 편지들이예요. 그것들을 사도 바울 개인의 의견으로 치부한다면 기독교는 온통 혼란이 일어날 거예요.

라잔: 다른 사람들한테도 물어봐야겠어요.

일꾼: 그래요. 다른 사람들하고 얘기해 보면 알게 되리라 생각해요. 그리고 음식뿐 아니라 결혼 표시로 하는 결혼한 여자는 신두르(가르마에 찍는 빨간 점), 빈디(이마에 찍는 빨간 점), 망갈수뜨라(목걸이), 뱅글(팔찌), 발찌도 다 해야죠. 물론 지역마다 약간의 차이가 있지만.

라잔: 빈디, 망갈수뜨라 등은 괜찮지만 신두르는 원래 두르가 여신의 피라서 하면 안돼요. (얼마 전 라잔은 신두르는 괜찮다고 말했지만 자신의 생각을 번복했다.)

일꾼: 기원은 두르가 여신의 피죠. 하지만 크리스천 여성이 신두르를 하면서 두르가 여신의 피라고 생각하지는 안 하잖아요. 힌두 여성들도 더 이상 그런 의미를 생각하지 않아요. 그냥 결혼의 표시라고 여기는 거죠. 힌두 남자들도 그렇게 생각하고. 더 이상 신두르를 두르가 여신의 피라고 생각하지 않아요. 어떻게 생각해요?

라잔: 그런 것 같아요. 그런 것을 하면서 특별히 힌두 신을 생각하는 것 같지는 않아요.

9. 부활절, 문화 구속(행 15장)

일꾼: 사람들은 문화 형식의 의미를 바꿔요. 예전의 형식의 의미와 지금 형식의 의미가 다른 것이 엄청 많아요. 만약 신두르를 하지 않는다면 왜 우리가 성탄절, 부활절, 할로윈 등 서양 명절을 지키나요?
원래 그런 것들에는 우상숭배가 가득했어요. 기독교 지도자들이 그 안에 있는 우상적인 것을 제거하고 예수님을 넣은 거죠. 즉 세상 문화를 기독교문화로 구속(redemption)한거죠.
심지어 이스터(Easter)는 독일 여신의 이름이에요.

라잔: 그래요?
이스터가 여신의 이름이에요?

일꾼: 여신의 이름 이에요. 독일 사람들도 원래 우상숭배자들이었어요. 이스터(Easter)는 영어지만, 그 단어는 독일어로 오스테른(Ostern)에서 유래된 말이에요. 오스테른은 게르만족의 빛과 봄의 여신 에오스터(Eoster)에서 파생되었다고 봐요. 즉 이스터는 원래 우상 축제였던 거죠. 기독교 지도자들이 예수님의 부활절을 그 날로 정해서 지금 우리가 이스터를 지키는거예요. 그리고 예수님이 언제 탄생했고 돌아가셨는지도 정확한 기록이 없어요. 예수님이 탄생했고 부활한 것은 분명하지만 언제인지는 정확히 모르는 거죠. 그래서 크리스천 지도자들이 특정한 날을 성탄절과 부활절로 지정해서 지키고 있어요. 그것도 서양식으로 지키고 있죠.

라잔: 예수님의 생일과 부활일이 성경에 없더라고요.

일꾼: 왜 인도처럼 덥고 눈이 안 내리는 나라에서 성탄절 때 크리스마스 츄리를 집이나 교회에 놓고 눈을 표시하기 위해 솜을 사용해야 하나요?

왜 서양 것만 따라서 하고 인도 것은 다 우상적이라고 보나요?

서양 사람들이 우상숭배 축제인 성탄절과 부활절을 기독교 축제로 바꾼 것처럼 우리도 힌두 축제를 기독교 축제로 바꾸면 되잖아요. 물론 그 우상숭배와 간음을 제외하고. 이 내용도 성경에 있어요.

라잔: 그래요? 어디요?

일꾼: 사도행전 15장요. 여기 보세요. (일꾼이 사도행전 15장에 있는 몇 구절을 짚자 라잔이 읽었다.) 사도들과 장로들이 만장일치로 우상숭배와 간음과 피 흘린 짐승과 목매어 죽인 것을 멀리하라고 했잖아요. 피 흘린 짐승과 목매어 죽인 것은 우상숭배와 관련이 있으니, 요약하면 우상숭배와 간음만 금지하고 나머지는 이방인들에게 짐 지우지 말라고 하셨어요. 이방인들도 자신의 문화 안에서 예수님을 믿으면 된다는 거죠. 이방인들이 유대인들 관습을 따를 필요가 없다는 말이에요. 다시 말하면, 우리 인도 사람들이 예수님을 따르기 위해 서양 관습이라는 짐을 질 필요가 없고 인도문화 안에서 우상숭배와 간음만 제외하고 믿으면 된다는 말이에요.

라잔: 그렇네요. 한 번도 생각하지 못했어요.

일꾼: 우리가 계속 어떻게 힌두들과 소통할 것인가에 대해서 이야기를 나누고 있어요. 먼저 언어를 고려해야 해요. 사도 바울이 이방인들의 용어로 복음을 전한 것처럼.
그렇다면 크리스마스(성탄절)와 이스터(부활절)도 힌두들이 이해할 수 있도록 고쳐야하지 않을까요?
힌두들이 크리스마스와 이스터라는 뜻을 알아요?

라잔: 제 힌두 친구들이 이스터가 뭐냐고 묻더라고요.

일꾼: 크리스마스도 뜻도 모른 채 그냥 술 마시고 춤추는 파티라고 생각하잖아요. 그래서 복음 전파에 하등 도움이 안되잖아요.

라잔: 맞아요.

일꾼: 크리스마스 대신에 예슈 자얀띠(생일)라고 하면 어떨까요?

라잔: 아, 그렇게 하면 힌두들이 즉시 이해할 것 같아요.

일꾼: 부활절은 뭐라고 하면 좋을까요?

라잔: 잠깐 생각해 보고요. (잠시 생각해 보더니) 예슈 께 지 우트네 왈라 디와스(Yeshu ke ji utne wala diwas)라고 하면 좋을 듯해요.

일꾼: 내가 이곳 교회에 가서 장로님에게 크리스마스 대신에 예슈 자얀띠(생일), 부활절 대신에 예슈 께 지 우트네 왈라 디와스라고 하면 반응이 어떨까요? 반대하겠죠?

라잔: 글쎄요. 일단 말을 해보는 것은 좋을 듯해요. 우리가 뭘 꼭 하자는 말이 아니라 그냥 물어보는 거잖아요. 그러니 괜찮을 듯해요.

필자는 며칠 후 내가 잠시 출석하고 있었던 교회의 장로님에게 성탄절과 부활절에 대해 질문했다.

일꾼: 장로님, 크리스마스 대신에 예슈 자얀띠(생일), 이스터(부활절) 대신에 예슈 께 지 우트네 왈라 디와스라고 하면 어떨까요?
힌두들이 크리스마스와 이스터라는 단어는 많이 들었지만 그 단어의 뜻은 모르잖아요.
장로: 자얀띠가 무슨 뜻이예요?
일꾼: 생일이라는 뜻이잖아요. 힌디어예요.
장로: 나는 잘 모르겠어요. 책을 봐야 할 것 같네요. 사람에 따라 다르게 사용하면 될 것 같아요. 이해 못하는 사람들한테는 그렇게 해도 문제없을 것 같아요.
일꾼: 하누만 자얀띠(하누만 신 생일), 붓다 자얀띠(석가모니 생일), 간디 자얀띠(간디 생일)처럼 생일이라는 뜻으로 자얀띠를 쓰잖아요. 그것처럼 예슈 자얀띠라고 하면 사람들이 다 이해할 것 같아요.
장로: 나는 잘 모르겠어요. 낯설게 느껴지네요.
일꾼: 부활절도 예슈 께 지 우트네 왈라 디와스라고 하면 힌두들이 바로 이해할 듯해요.
장로: 사람에 따라 달라요. 이해 못하는 사람들한테는 그렇게 해도 문제없을 것 같아요. 그리고 힌두들을 교회로 데려와 크리스마스와 이스터라는 단어와 뜻을 가르치면 되겠지요. 나도 예수님 믿었을 때 교회 다니기 시작했을 때 교회 용어가 낯설었

어요. 그렇지만 다 배워서 지금은 괜찮아요.
일꾼: 그런데 힌두들이 교회에 영원히 안 올 수도 있고 5년, 10년이 걸릴 수도 있잖아요. 그래서 지금 기회가 있을 때 힌두들에게 예수님을 전하려고요.
장로: 새로운 쉬운 힌디어 단어로 가르치는 것도 문제가 없고 그 사람들에게 기독교 용어를 가르쳐도 문제가 없다고 생각해요.

그날 밤에 라잔을 만났다.

일꾼: 오늘 제가 장로님을 만나서 크리스마스와 이스터 용어를 힌디어로 고쳐 사용하면 어떻겠냐고 했더니 사람들이 이해 못하면 고쳐도 되고, 안 고치고 힌두들을 교회로 데려와서 교회 용어를 가르쳐도 된다고 하셨어요.
라잔: 그렇게 반응하셨군요.
일꾼: 장로님도 힌두들이 기독교 용어를 이해 못한다는 것을 제대로 인식 못하는 것 같아요.
라잔: 그러게요.
일꾼: 보통 힌두 특히 중류 또는 상류 카스트라면 자얀띠라는 단어를 금방 이해했을 텐데 그 단어를 모르시더라고요. 상류 카스트라면 부모님과 할아버지, 할머니가 힌두 전통과 용어를 제대로 가르쳤을 텐데요.
라잔: 맞아요. 상류 카스트는 그런 것들을 엄격하게 가르쳐요.

10. 요가

일꾼: 형제님은 요가에 대해서 어떻게 생각해요?

라잔: 해보지는 않았지만 요가는 힌두문화와 관련이 있는 것이니까 피하는 것이 좋은 것 같아요.

일꾼: 그런데 우리가 지금 몇 주 동안 어떻게 힌두들에게 복음을 전할까에 대해 대화 나누고 있잖아요. 사도행전 15장도 읽었고. 저도 요가에 대해서 다섯 사람한테 강의를 들었어요. 요가라는 뜻이 신과 하나가 된다는 뜻이더라고요. 어떤 사람들은 요가의 동작들은 단순하게 호흡과 운동만을 위한 것들이며 수행의 한 방법이라고 말하더라고요. 어떤 사람들은 요가의 일부 동작이 힌두 신과 관련이 있는 것도 있다고 말하더라고요. 제가 정확히 모르고 하는 말이라면 나중에라도 알려줘요.

라잔: 알겠어요. 요가의 어떤 동작들은 동물을 상징해요. 그것은 힌두 우상들을 섬기는 것과 관련이 있어요.

일꾼: 어떤 동작들이 동물이나 태양과 달을 상징하지만 요가하는 사람들이 그 자체를 숭배하는 것은 아니예요. 우리가 동물에 대한 노래 부르거나 게임을 할 때 동물 흉내 내는 것과 별 차이가 없어요.

라잔: 아니예요. 그건 힌두 신들과 관련 있어요.

일꾼: 형제님이 그것을 어떻게 알아요? 실제로 요가를 해보지도 않았잖아요.

라잔: 교회 목사님하고 외국인 선교사님이 그렇게 말씀하셨어요.

일꾼: 그분들도 제대로 모를 가능성이 커요. 제대로 조사하지 않고 힌두문화는 다 우상적이라고 싸잡았을 가능성이 크다는 거죠. 인도 기독교인들이 인도의 모든 문화를 그런 식으로 정죄하고 있잖아요. 혹시 요가 안에 힌두 신을 숭배하는 것들이 있다면 성경적으로 바꾸면 되잖아요.

라잔: 어떻게요?

일꾼: 힘이 많이 드는 동작마다 '예수님의 고난을 상징하는 동작'이라고 이름을 붙이면 되죠. 태양을 표현하는 동작에서는 '하나님이 만드신 태양'이라고 하면 어떨까요?

라잔: 그렇게 해도 될까요?

일꾼: 성탄절, 부활절, 할로윈, 그리고 한국의 추석과 설도 이방축제였는데 그것을 성경적으로 구속(redemption)했다고 우리가 이미 이야기를 나눴잖아요. 그런 축제에는 많은 관습이 있었는데 그 중에 우상숭배도 있었어요. 그렇지만 크리스천 지도자들이 우상적인 것을 제거하고 성경적인 의미를 넣어서 크리스천 축제로 바꿨죠.

라잔: 맞아요. 그 대화 나눴어요. 이제 이해가 되네요.

일꾼: 이해가 된다니 기쁘네요. 고마워요. 잘 들어줘서. 왜 우리가 서양의 이방축제는 성경적으로 바꿔서 즐기면서도 정작 인도 문화에 있는 축제, 요가, 옷, 결혼 표시 등은 다 우상이라고 정죄해야 하는지 모르겠어요. 한국에서 도교나 불교에서 수행의 한 방편으로 무예를 닦았어요. 무예의 특정 동작에 비성경적인 것이 있긴 해요. 예를 들면, 우주의 기를 몸 안으로 끌어

들여라. 이것을 성경적으로 봐야 할까요 아니면 우상적으로 봐야 할까요?

그리고 세계적으로 널리 알려진 한국의 태권도도 시작하기 전에 태극기에 예를 표해요. 그것도 우상숭배라고 하는 사람들이 있지만 보통 기독교인들은 문제없다고 생각하고 태권도를 배워요.

제가 하고자 하는 말은, 서양 사람들이나 한국 사람들이나 자신들의 문화에는 관대하면서 다른 민족의 문화는 쉽게 우상의 문화라고 정죄하고 있지 않는가 하는 거예요. 인도의 요가나 한국의 무예에 우상적 요소가 있다면 그것 대신 성경적인 의미를 넣으면 되잖아요. 요가나 무예에 우상적 요소도 결국 인간이 넣은 것이니까 인간이 바꾸면 되잖아요. 성경이 그렇게 하라고 하고 기독교 역사가 그렇게 흘러왔어요. 남의 문화를 없애고 하는 일이 서양문화로 채우는 것이잖아요.

왜 서양문화가 정답인가요?

그럴 바에 차라리 유대 문화로 돌아가야지.

라잔: 생각해 보니까 그렇네요.

일꾼: 도대체 문화를 선택하거나 정죄하는 기준이 뭔가요?

교회에서 배운 것 있으면 얘기해 줘요.

라잔: 글쎄요. 모르겠어요.

일꾼: 크리스천들은 모르면서 무조건 자기들 생각이나 느낌으로 판단한다니까요. 성경적으로 판단해야 하는 거 아닌가요?

라잔: 맞아요.

일꾼: 결론적으로 요가가 우상적이든 아니든 그것을 성경적으로 구속해서 즐길 수 있다는 거죠. 그렇지 않으면 인도문화든 한국문화든 남아나지 않아요. 한국의 경우도 한국문화를 구속해서 즐기고 있어요. 대표적인 것이 설과 추석이에요. 만약 설과 추석이 성경에 없는 것이라고 정죄한다면 크리스천들은 그 절기를 즐겨서는 안되지요. 사실 설과 추석의 여러 관습 중에 우상숭배 관습도 있거든요. 크리스천들이 이중적인 행동을 해요. 서양문화는 우상숭배에서 유래해도 좋아하고, 우리의 문화는 절대 안된다고. 형제님은 지금 어느 나라에 살고 있어요?

라잔: 저요? 하! 하! 하! 인도죠.

일꾼: 그러면 인도의 길을 걷고 있나요 아니면 서양의 길을 걷고 있나요?

라잔: 하! 하! 하! 인도의 길이예요.

일꾼: 우리 손잡고 인도의 길을 걸어요. 서로 기도해 주고 도우면서. 서양의 길은 서양 사람들이 걷고 있으니까 걱정할 필요 없어요. 우리는 인도의 길만 걱정하면 돼요.

라잔: 하! 하! 하!

일꾼: 하! 하! 하!

11. 이야기로 복음 전하는 이유

일꾼: 우리는 복음을 전할 때 어떻게 해야 상대방이 이해할 수 있을

지에 대해 관심을 기울여야 한다고 봐요. 안 그러면 어떻게 예수님을 전할 수 있을까요?

라잔: 그런데 힌두들은 우리가 복음을 전하면 계속 질문을 하고 말싸움을 해요.

일꾼: 이야기로 전하면 사람들이 좋아할 텐데요.

라잔: 아, 맞아요. 힌두들이 이야기를 좋아해요.

일꾼: 여기 세계 지도를 보라고요. (세계 지도를 가리키며) 유럽을 제외하고 거의 모든 나라 민족들이 이야기 전통을 가지고 있어요. 유럽은 그리스 철학의 영향을 받아 이론을 만들고 그것에 대해 질문하고 논쟁하는 습관이 있어요. 하지만 다른 나라는 달라요. 이야기를 좋아해요.

라잔: 아, 그렇군요.

일꾼: 이야기로 전하면 논쟁할 필요도 없어요. 이야기를 들려주는 사람도 신이 나고 듣는 사람도 재미있어하죠. 알고 보면 우리의 삶이 이야기로 가득 차 있잖아요.
형제님도 이야기 좋아하세요?

라잔: 물론이죠.

일꾼: 저도 좋아해요. 상대방이 이야기 내용에 대해 까다롭게 질문하면 그 이야기 내용만 가지고 대답하고, 모르는 것이 있으면 다음에 성경을 더 읽거나 구루(스승)에게 물어보고 오겠다고 하면 돼요.

라잔: 그런데 요즘 특히 청년들은 어떤 것에 대해서 상대방이 제대로 답을 못하면 우습게 보는 경향이 있어요.

일꾼: 그렇기는 하지만 우리는 정직하게 말하고 삶으로 증인이 되면 사람들이 신뢰하지 않을까요?
우리가 솔직히 성경의 모든 내용을 아는 것은 아니잖아요. 솔직하게 복음 전하며 성령님의 도우심을 믿는 거지요.

라잔: 얼마 전에 장로님한테 이스터의 뜻이 독일 여신의 이름이라는 것을 형제님한테서 들었다고 했더니 자기는 이스터 뜻을 모른다고 하더라고요.

일꾼: 이스터에 대해 인터넷 검색하면 바로 나와요. 비밀이 아니거든요.

라잔: 검색해 봐야겠어요.

12. 촛불, 향

일꾼: 인도 일부 교단들도 촛불과 향을 피우고, 영국 성공회와 감리교도 촛불을 사용해요. 그리고 한국의 교회들도 촛불을 사용하지요. 요즘에는 전기로 된 촛불을 많이 사용해요. 지금은 화재 위험으로 많이 줄기는 했지만 아직도 송구영신 예배 때 모든 신자들이 촛불을 들고 예배드리면서 새해를 맞이하는 교회도 있어요. 마치 돈과 같아요. 돈을 하나님을 위해 사용할 수도 있지만 우상에게 바칠 수도 있죠.

라잔: 크리스천이 힌두들과 똑같은 행동을 하면 힌두들도 혼란스럽고 크리스천들도 혼란스러울 거예요.

일꾼: 그건 걱정 안 해도 됩니다. 우리가 다른 신이 아니라 예수님

만을 믿는다는 것이 힌두교와 아주 다른 것이지요. 그리고 우상숭배와 간음이나 사회악 같은 것을 제외하고는 문화적인 것이니까 힌두문화를 수용해도 좋다는 거죠. 예수님도 유대 문화를 존중했고 사도 바울도 이방인들의 문화를 존중하면서 전도했다는 것이 사도행전과 그가 쓴 편지에 많이 나타나요. 우리의 말과 행동을 통해서 힌두들도 서서히 우리가 힌두가 아니라 힌두문화 속에서 예수님을 따르는 예슈박따라는 것을 알게 돼요.

라잔: 아, 그런 뜻이군요.

13. 교회개척 장소와 적절한 예배 형태

일꾼: 요즘 시험공부 어떻게 하고 있어요? 힘들지 않아요?

라잔: 힘들어요. 제가 영어에 약한데 영어 과목 점수 비율이 높아서 힘드네요.

일꾼: 내가 기도해줄게요.

(기도: 싸뜨 구루 예슈 지[참 스승이신 예수님]), 라잔이 높은 카스트라서 합격의 문이 좁지만 도와주세요. 착한 마음을 가지고 있고 예수님 전하면서 살고 싶어 해요. 라잔을 도와주세요. 살기 위해서 직업이 필요합니다. 그 직업을 통해 주님의 영광을 위해 살 수 있도록 도와주세요. 따타쓰뚜.)

라잔은 '에 사 히 호'라고 했다. 그는 그 후에도 더 이상 '아멘'이라는 단어를 쓰지 않았다.

라잔: 정말 감사드립니다.
교회 장로님하고 교회문화에 대해서 더 얘기 나누셨어요?

일꾼: 성탄절과 부활절 이야기만 하고 더 이상 얘기 나누지 않았어요. 그분이 더 나누길 원하면 저야 얼마든지 만날 용의가 있지만 그분이 그렇지 않으니까 그분의 의사를 존중해야죠. 인도에서는 연장자를 존중해야 하잖아요.

라잔: 그렇죠.

일꾼: 어떤 힌두가 예수님에 대해서 더 알고 싶다면 그를 교회에 데리고 가야 하나요, 아니면 집에 머물게 해서 우리가 가끔 찾아가서 기도, 예배드리고 성경을 가르치는 것도 괜찮다고 생각하나요?

라잔: 새 신자가 집에서 기도 안하면 교회에 데리고 가야지요. 교제가 필요하니까요. 교회가 아니면 소모임에라도 데리고 가야지요. 신자들과 함께 하는 것이 가장 좋다고 봐요. 우리가 새 신자가 집에 가서 가르칠 수 있지만 매일은 힘들잖아요. 어떻게 모든 신자들을 그렇게 가르칠 수 있어요?

일꾼: 우리가 2개월째 대화 나누고 있잖아요. 새 신자를 전통 교회에 데리고 가는 것이 죄는 아니라고. 다만 어떤 것이 새 신자에게 더 나은지 그리고 어떤 방법이 더 많은 열매를 거둘 수 있는지에 대해서 생각해 보고 있는 거예요. 새 신자를 교회에 데리고 오면 문화충격을 받는다는 얘기도 나눴죠. 예배라는 느낌을 못 느낀다고. 더러운 신발을 신고 예배당에 들어가 바닥이 아니라 의자에 앉고 서양 악기로 서양 찬양 부르고 이야

기가 아닌 딱딱한 설교를 들으면 파티라고 생각하잖아요. 힌두들이 왜 쌋쌍 때 의자에 앉지 않고 바닥에 앉는지도 알고 있을 것예요. 형제님은 브라민 출신이니까.

라잔: 의자에 앉는 것이 신을 존중하는 모습이 아니라고 생각해요. 겸손하지 않은 행동이죠.

일꾼: 저도 그렇게 들었어요. 아무튼 힌두들이 교회에 와서 큰 문화 충격을 겪고 다시 안 오잖아요.

라잔: 그렇지는 않아요. 교회에 오면 사람들이 평안을 느껴요. 그리고 영어로 찬양하고 기타, 키보드, 드럼 등으로 활기차게 노래 부르는 것을 좋아해요. 교회에 오면 영어도 배우고 서양 악기도 배울 수 있잖아요.

일꾼: 그래요? 그런데 평안을 느끼고 왜 더 이상 교회에 안 오나요?

라잔: 일단 교회에 온 사람들은 계속 나와요.

일꾼: 극히 일부는 그렇지요. 그런데 인도 인구의 98%는 교회에 오지 않아요. 우리가 이런 대화를 하는 것은 98%의 비기독교인에게 어떻게 복음을 전할까이잖아요. 교회에 오면 평안을 느끼고 계속 나온다고 하는데 몇 명이 나오는데요? 약 2%에요. 약 98%의 사람들에 대해서 생각해 봐야 한다니까요. 그 사람들은 교회에 대한 안 좋은 인식을 갖고 있고 낯설어서 나오지 않아요.

라잔: 그게 아니라 그 사람들은 진리를 이해하지 못해서 안 나오는 거죠.

일꾼: 그러니까 우리가 할 일이 진리를 제대로 전하는 거잖아요. 지

금 2%의 사람들이 진리를 알고 교회 나온다고 해서 만족해야 하나요? 그리고 영어와 서양 악기를 배울 수 있다고 했는데, 그게 예수님 믿는 사람들에게 그렇게 중요하나요? 예수님을 믿는 것이 중요하지 서양문화를 배우는 것은 중요하지 않다고 생각해요. 예수님이 그런 말씀하셨나요? 교회에 오면 서양 문화를 배울 기회가 있다고?

라잔: 하! 하! 하!

일꾼: 하! 하! 하!

라잔: 영어와 서양문화가 있어서 교회가 좋다는 말은 아니고요 그런 것들이 인도 사람들 특히 청소년들에게 큰 매력이라는 거죠.

일꾼: 인도 청소년들이 영어와 서양 악기를 좋아하는 것은 저도 알고 있어요. 저도 서양 악기 좋아해요. 그런데 힌두 청소년들이 교회에 와서 서양 악기로 영어 찬양을 부르고 춤추는 것을 보고 예배라고 생각하나요?

라잔: 인도 청소년들이 서양식으로 찬양을 하고 말씀 들으면서 좋아해요.

일꾼: 제 질문은 그들이 그런 분위기를 신에게 드리는 예배라고 생각하느냐고요. 아니면 파티한다고 생각하는지.

라잔: 예배라고 보지는 않지요. 기독교가 이런 것이구나하고 재미있어하죠. 예배는 아니고 그냥 재미있는 모임이라고.

일꾼: 그게 바로 문제예요.

우리가 힌두를 전도해서 서양식 모임을 가지면 그가 다른 사람들을 어떻게 전도할 수 있을까요?

특히 서양 악기와 영어찬양에 관심도 없는 힌두 어른들을 어떻게 전도할 수 있을까요?

서양식으로 예배드리는 모임에 힌두들을 초대하면 그들이 감동받고 다른 사람들에게 '기독교 예배 형식이 참 좋다'고 할까요?

라잔: 그렇다고 생각하지는 않을 거예요. 그냥 재미있었다고만 말하겠지요. 종교 모임이라고 생각하지는 않을 거예요.

일꾼: 자, 그러면 어떻게 해야 하나요?

힌두가 관심을 보이면 전통(교단) 교회로 데려오는 게 좋을까요?

라잔: 새 신자를 강요해서 교회로 데려올 필요는 없다고 생각해요. 데려오지 말아야죠. 처음에는 그 사람을 개인적으로 만나서 가르치고 그 후에 그 사람이 교회에 다니고 싶다면 데려오고 그렇지 않으면 강요하지 말아야죠. (처음에는 새 신자를 교회에 데려와야 한다고 말했던 라잔이 변했다.)

일꾼: 제가 전통(교단) 교회가 다 나쁘다고 말을 하는 것이 아니예요. 저도 어려서부터 보수적인 전통 교회(교단)를 다녔어요. 저를 위해 기도하시는 분들도 거의 다 전통 교회를 다녀요. 그분들에게 저는 감사드려요. 다만 지금 가정 교회를 소개하는 이유는, 그것이 전도하는데 보다 효과적이고 새 신자가 또 다른 새 신자를 전도하기 쉽기 때문이에요.

라잔: 아, 저도 그렇게 생각해요.

일꾼: 그런데 지금 교회가 무슨 일을 하고 있느냐고요. 인도, 태국, 미얀마, 중국, 한국의 크리스천들이 하는 모습을 보면 새 신자들을 무조건 교회에 데려오려고 하잖아요. 새 신자들을 가르쳐 그들의 집에서 예배드리게 하면 그들의 가족, 친척, 이웃들을 자연스럽게 전도할 수 있는데 그렇게 하지 않고 있다는 거죠.

왜 새 신자들을 교회에 데려와서 서양문화 속에서 신앙생활을 하게 해야 할까요?

일단 인도에서 2%는 예수님을 믿었으니 그나마 감사하죠. 그런데 나머지 사람들은 한두 번 교회에 왔다가 안 나오거나 아예 처음부터 오지 않아요.

이 문제를 어떻게 해결해야 할까요?

라잔: 생각할 문제네요.

14. 복음과 문화의 관계(사도행전 15장)

일꾼: 사도행전 21장 20절에서 21절을 보면 재미있는 부분이 나와요. 여기 읽어 보세요. 예수님을 따르고자 한다면 모세의 율법을 따르고 할례를 행해야 한다고 강요하는 '수만 명'이 나와요. 모세의 율법은 유대관습을 뜻해요. 유대인 크리스천 수만 명이 복음과 문화를 구분하지 못하고 이방인 크리스천들에게 '너희가 예수님을 믿고자 한다면 유대 문화를 따르라'고 강요하는 장면이에요. 그런데 그렇게 강요하는 사람들이 바

로 현재의 크리스천들이라는 말이죠. 방금 읽은 구절에서 예수님을 믿는 유대 크리스천들이 자신의 문화를 이방인들에게 강요하잖아요. 비슷한 내용이 사도행전 15장에도 있어요. 유대문화를 따르지 않으면 구원을 못 받는다고. 현재 크리스천들이 힌두, 무슬림, 불교도에게 진리를 전할 때 서양문화를 따르지 않으면 구원을 못 받는다고 가르치고 있어요.

라잔: 누가 그렇게 하고 있는데요?

일꾼: 하! 하! 하! 2개월 째 우리가 이 문제에 대해서 대화 나누고 있잖아요. 더러운 신발을 신고 신성한 예배당에 들어가서 바닥이 아니라 의자에 다리 꼬고 앉아서 서양 악기로 서양찬양하고 설교 시간에 이야기가 아니라 딱딱한 이론을 듣잖아요. 그게 바로 서양문화라는 거죠. 이미 용어 사용, 힌두 절기, 결혼 표시에 대한 이야기도 했잖아요.

라잔: 아, 그것을 말씀하시는군요. 하지만 저는 힌두 친구들에게 예수님에 대해 대화 나눌 때 교회가야 한다, 서양문화로 바꿔야 한다고 하지 않아요. 그들이 크리스천이냐고 물어보면 저는 아니라고 해요. 그러면 그들이 또 물어보죠. 크리스천 아니냐고. 그러면 저는 크리스천이 아니고 예수님만 예배하는 사람이라고 말해요. 형제님이 사용하는 예슈박따라는 단어를 좋아해요. 정말 좋아해요.

일꾼: 형제님이 많이 변했네요. 고마워요.

라잔: 제가 감사하죠.

일꾼: 모든 문화에 획일적으로 특정한 문화를 적용해서 예배드리라

고 하는 것이 아니라 각자의 문화에 적절하게 하라는 것이 성경의 말씀이에요. 그래서 같은 인도라고 해도 어떤 곳에서는 향과 촛불을 사용하지 않아도 되는 문화가 있겠죠.

예를 들면, 북동부 나갈랜드는 힌두문화와 아주 다르고 이미 90% 이상이 크리스천이에요. 그곳에 예수님을 믿지 않는 사람이 있다면 굳이 힌두문화로 예수님을 소개할 필요가 없지요. 서양문화나 한국문화로 접근하는 것이 훨씬 자연스럽죠. 그곳 사람들은 이미 서양화되었고, 한류 열풍으로 한국문화를 좋아하니까요. 그런데 힌두문화로 예수님을 소개해야 하는 곳에서 서양문화로 하면 그게 효과적이지 않다는 말이에요.

라잔: 이해가 되네요. 최근에 제가 한 병원에 일이 있어서 갔다가 나오는데 한 병실이 열려 있더라고요. 문 앞에 아줌마가 앉아 있었어요. 그래서 제가 무슨 일이냐고 물었어요. 어린 딸이 열이 너무 심해서 입원해 있다고 하더라고요. 그래서 제가 기도해 줘도 되겠느냐고 물었더니 크리스천이냐고 묻더라고요. 그래서 얼버무리면서 작은 소리로 그렇다고 했어요.

제가 뭐라고 해야 할지 순간 헷갈리더라고요. 딸을 위해 기도해줘도 되겠느냐고 했더니 해달라고 해서 제가 외국 용어 다 빼고 기도를 해줬어요. 예슈 마시흐, 할렐루야, 아멘, 짱가이 같은 단어를 다 힌디어로 바꿔서 기도해줬어요.

일꾼: 와우! 형제님이 많이 변했네요. 정말 고마워요. 내 조언을 귀담아 듣고 실천까지 해줘서.

라잔: 실천해 보고 싶었어요. 저도 기분 좋았어요.

일꾼: 형제님은 잘 하고 있네요. 그런데 아직도 많은 교회가 서양문화를 강요하고 있잖아요. 이 지역에 있는 다른 교회들을 가보세요. 서양 악기로 주로 서양찬양을 해요.

라잔: 저희 교회는 그렇지는 않아요. 서양 악기를 사용하기는 하지만 두 곡 정도만 영어 찬양을 하고 나머지는 힌디어 찬양이에요.

일꾼: 형제님 교회는 주로 힌디어 찬양을 하고 있지만 그 힌디어 찬양도 서양식 찬양이라는 사실을 생각해 본 적 있어요?

라잔: 그 정도까지는 생각 안 해봤어요.

일꾼: 가사는 힌디어로 되어 있지만 선율이 서양식 찬양이라서 힌두들이 그것을 예배 음악이라고 생각을 안 하는 것이 문제죠. 그리고 가사에도 외국어가 잔뜩 들어 있고.

왜 인도 크리스천들이 그런 찬양을 만드는지 생각해 본 적 있나요?

그게 바로 교회에서 서양식으로 교육을 받았기 때문이에요. 지금 우리가 이런 대화를 왜 하고 있죠?

라잔: 힌두들을 위해서요.

일꾼: 맞아요. 교회 안에 있는 2%의 사람을 위해서가 아니라 교회 밖에 있는 98%의 사람들을 위해서 하고 있어요. 크리스천들은 이미 믿고 있으니 우리가 걱정할 대상이 아니에요.

라잔: 성경에 예수님은 아흔 아홉 마리 양을 놔두고 잃어버린 한 마리 양을 찾으신다고 하셨으니까 언젠가는 98%의 사람들도

예수님을 믿겠지요.

일꾼: 그렇게 되기를 바랍니다. 그런데 그렇게 되기 위해서 우리가 무엇을 해야 하나요?

라잔: 맞아요. 우리가 기도하고 밖에 나가서 예수님을 전해야 해요.

일꾼: 전하려면 어떻게 해야 하나요? 서양문화로 전해야 할까요?

라잔: 인도문화로 전해야 해요. 굳이 교회에 나오겠다는 사람들은 나오게 해도 좋지만 그렇지 않은 사람들은 자신의 공동체에 머물면서 예슈박따가 되게 하는 거죠.

일꾼: 이제야 형제님이 제대로 이해한 것 같아요. 형제님은 똑똑해서 이런 부분을 잘 이해하네요. 2개월 째 대화 나누고 있는 것이 바로 어떻게 전할 것 인가예요. 현재처럼 서양식으로 하면 98%는 예수님께 나아오지 않아요. 교회 안에 무분별하게 서양문화가 가득해서 전도의 장애가 되고 있어요.

15. 체계적인 설교 대 이야기로 전하기

일꾼: 힌두들에게 복음 전할 때 교회에서 하는 것처럼 체계적인 설교를 하는 것이 좋을까요?
설교 끝나면 기억도 안 나는 설교로?

라잔: 그래도 체계적인 설교에서 배우는 것이 있잖아요. 매주 주제별로 배울 필요가 있다고 봐요.

일꾼: 그런 면도 있지요. 제가 주제 설교가 다 나쁘니 없애자는 것이 아니예요. 어떤 것이 전도하는데 더 효과적이고 바람직한

것인지에 대해서 얘기 나누고 있는 거예요.

형제님, 1개월 전에 들은 설교 기억해요?

라잔: 아니요.

일꾼: 그럼 2주 전과 지난 주 설교는?

라잔: 2주 전에 가와히를 해서 기억해요. (라잔은 간증이라는 뜻으로 가와히를 사용했다. 그러나 그 단어는 증언을 뜻하는 법정 용어다. 그래서 힌두들에게 간증이라는 뜻으로 가와히를 언급하면 이해 못한다. 인도 크리스천들이 엉뚱한 단어를 사용하고 있는 것이다.)

바: 바로 그거예요. 그것은 이야기라서 기억하는 거예요. 다른 것들은 기억해요?

라잔: 못해요.

일꾼: 기억도 못하는 설교를 왜 두 시간 동안 앉아서 들어야 하나요?

저는 자주 지루해요.

라잔: 맞아요. 기억을 못해요. 그게 문제긴 하지요. 그래도 우리 담임 목사님 설교는 참 도움이 돼요. 늘 새로운 지식이 들어 있어요. 그런데 부목사님들이 하는 설교는 무슨 말인지 이해를 못하겠어요.

일꾼: 하! 하! 하! 담임 목사님 설교가 좋다니 그래도 다행이네요. 저도 그 목사님 말씀을 좋아해요. 복음에 대한 열정이 대단한 분이시죠. 하지만 예배가 끝난 즉시 그분의 설교를 기억 못하잖아요.

라잔: 하! 하! 하! 그래도 모르는 주제에 대해서 배우니까 좋던데요.

일꾼: 모르는 것을 배우는 것은 좋지요. 저도 새로운 것을 들을 때 새로운 깨달음을 얻곤 해요.

라잔: 그리고 체계적인 설교도 결국 성경에서 가져온 내용이잖아요.

일꾼: 성경에서 가져온 것이어서 참 좋아요.

그런데 성경에서 가져와도 청중들이 기억을 못하는 것에 대해서는 어떻게 생각해요?

형제님처럼 교육을 많이 받은 사람들은 잘 이해해요. 하지만 교회에 어떤 사람들이 오는지 생각해 보세요. 인도 크리스천들의 95%가 가장 가난하고 교육 수준이 낮은 사람들이에요. 어떤 사람들은 초등학교도 못 마쳤어요. 지역에 따라 여자의 경우, 70%의 문맹률을 보이고 있어요. 그런 사람들이 어려운 주제를 다루는 체계적인 설교를 어떻게 이해를 하느냐고요.

라잔: 그래도 주제 설교를 통해 얻는 것이 있잖아요. 예를 들면 아가페. 이 말의 뜻은 이타적인 사랑.

일꾼: 예수님의 사랑을 말하는 거죠.

라잔: 맞아요. 예수님의 사랑이요. 주제 설교를 통해 아가페라는 단어를 알았고 그 뜻도 알았어요.

일꾼: 그런데 그 뜻을 아는 것은 좋은데 왜 우리가 그리스어 단어인 아가페를 알아야 할까요?

그냥 예수님은 자신이 아니라 남을 위한 사랑을 하셨다고 하면 되지요. 자꾸 외국어를 쓰니까 힌두들이 기독교는 외국종교, 외국문화를 따르는 종교, 인도문화를 파괴하는 종교라고 생각하죠. 형제님은 힌두들에게 복음 전할 때 아가페라는 단어를 사용할 거예요?

라잔: 아니요. 전도할 때는 힌디어를 써야죠. 우리끼리만 아가페를 쓰는 거죠.

일꾼: 전도할 때 그 단어 안 쓴다고 하니까 다행이네요. 그런데 우리끼리 있을 때 자꾸 외국어를 쓰면 그게 습관이 된다니까요. 그래서 전도할 때 불쑥 튀어 나와 버려요. 그러면 또 힌두들은 이해 못하고 기독교는 외국종교라고 생각하죠. 그래서 한 가지 방법을 생각해 볼 수 있어요.

라잔: 말씀해 보세요.

일꾼: 예배는 나이와 교육수준이 다른 사람들이 모이니까 이야기로 설교를 하고, 체계적인 내용은 따로 성경공부반을 만들어서 정기적으로 하면 되잖아요. 그러면 관심자들이 오겠지요.

라잔: 아, 그 말씀을 하려고 하셨군요. 사실 이야기로 전하면 더 사실적으로 다가오는 면이 있어요.

일꾼: 예배는 축제가 되어야 해요. 편하고 즐겁고 성령을 체험할 수 있는 축제. 그런데 설교가 이해가 되지 않으면 어떻게 축제가 될 수 있을까요?

예배 때는 교수나 의사도 있고 초등학교도 안 나온 사람들이 있어요. 심지어 아이들도 있지요.

라잔: 아, 그래도 설교 때 필기를 하면 기억이 잘 되는 것 같아요.

일꾼: 필기를 하는 것은 좋지만 이렇게 바쁜 시대에 설교 필기한 것을 계속 가지고 다니면서 읽는 사람이 어디 있어요?

체계적인 설교는 필기를 해도 수십 번 반복하지 않으면 내용이 기억이 안 나요.

라잔: 그렇긴 하네요. 그래서 저희 교회는 일주일에 한 번씩 소모임 때 주일 설교를 다시 복습해요.

일꾼: 저도 알아요. 그렇게라도 하니까 다행이더라고요. 그런데 제가 매주 소모임 때 참석해 보니까 참석자 일곱 명 중에 단 한 명도 며칠 전 설교를 기억 못하더라고요. 그래서 인도자가 요약해서 알려줬어요.

라잔: 맞아요. 기억하기가 힘들어요.

일꾼: 그래도 인도자가 요약해 주니까 낫긴 하지만 한 명도 자기의 느낌을 이야기 않더라고요. 그리고 복습하고 며칠 후에 또 새로운 설교를 듣잖아요. 그러면 복습한 것도 까먹잖아요.

라잔: 하! 하! 하! 맞아요. 전에 들은 설교는 기억이 안 나요.

일꾼: 형제님처럼 교육 받은 사람들은 체계적인 설교를 이해할 수 있어요. 그런데 그렇지 않은 사람들은 이해하기도 기억하기도 쉽지 않아요. 그런 사람들이 불쌍하지도 않아요?

성경의 75%가 이야기예요. 그래서 2개월에 한 번 정도 체계적인 설교를 하고 나머지는 성경의 이야기를 들려주면 되는 거죠. 하나님께서는 인간을 만드실 때 이야기를 좋아하는 존재로 만들었어요. 그래서 성경에 그렇게 많은 이야기를 넣어 놓으신 거예요. 그런데 교회에서는 매주 체계적인 설교를 해서 기억을 못하게 만들어요. 자, 성경에 있는 내용 생각해 보세요. 아담과 하와, 아브라함, 모세, 요셉, 다니엘, 요나, 예수님 등의 이야기를 지금 기억해요?

라잔: 기억해요.

일꾼: 저도 기억해요. 그것은 우리가 이야기로 기억하고 있기 때문이에요. 성경에 이야기가 참 많아요.

라잔: 특히 구약에 많죠.

일꾼: 구약에도 많고 신약에도 많지요. 그리고 힌두 경전에도 이야기가 정말 많잖아요.

라잔: 맞아요.

일꾼: 전 세계를 놓고 보면, 서양을 제외하고는 거의 다 구전 문화예요. 이스라엘에서 시작된 기독교가 유럽으로 가면서 그리스 철학의 영향을 받아 분석적이 되었어요. 그래서 그쪽 사람들은 체계적인 것을 좋아하지요. 그렇지만 아시아, 아프리카, 남미 사람들은 달라요. 이야기를 중시하는 문화죠. 분석적으로 접근하면 스트레스 받아요.

라잔: 하! 하! 하!

일꾼: 그런데 인도, 태국, 한국 등 크리스천들은 서양문화의 영향을 받아서 교회에서 그리고 전도할 때 체계적인 설교를 하죠. 설교는 체계적이어야 한다, 찬양은 서양식으로 해야 한다, 예배당에는 더러운 신발 신고 의자에 앉아야 한다. 이렇게 배우죠. 아무튼 체계적인 설교를 들으면 사람들은 거의 기억을 못해요. 문화를 고려해서 이야기를 들려주면 잘 기억하죠. 생각해 보세요. 힌두 경전에 얼마나 많은 이야기가 많은지.

라잔: 엄청나게 많죠.

일꾼: 그 말은 인도에 5, 6천 년 전부터 이야기를 들려주고 듣는 문화가 발달했다는 거예요. 그런데 왜 인도 크리스천들이 인도문화가 아니라 서양문화로 복음을 전하느냐고요.

라잔: 저도 정말 할 말이 없네요. 저도 이야기 들려주는 것이 참 좋다고 생각해요. 솔직히 설교를 들으면 기억이 안 나요.

일꾼: 저도 그렇다니까요. 설교를 들으면 예배 마치는 순간 또는 단 하루만 지나도 기억이 안 나요. 유럽 사람들은 책을 많이 읽으니까 성경이나 기독교 책을 소개해주면 읽으면서 신앙이 더 견고해 지지만 인도 사람들은 교과서 이외에 책을 읽는 습관이 없잖아요.

라잔: 맞아요. 인도 사람들은 책을 안 읽어요.

16. 예슈박따의 생명을 구하는 힌두 이웃

일꾼: 한 가지 예를 들어 볼게요. 예슈박따 부부가 힌두 가정에 세를 들어 살고 있다고 생각해 보죠. 그들은 인도문화를 존중하면서 예수님을 전해요. 주인댁과도 좋은 관계를 유지해요. 그 때 만약 힌두 원리주의자들이 크리스천들을 폭행하거나 죽이려고 찾아다닌다고 생각해 보죠. 인도 동부 오릿사 주에서 그런 일이 있었잖아요.

힌두들이 주인에게 '이 집에 크리스천이 살고 있는 것 맞습니까? 저 부부가 크리스천이 맞습니까?'라고 묻는다면 주인댁이 뭐라고 할까요?

라잔: '저 부부는 크리스천이 아니라 힌두입니다. 그리고 그들은 제 아들과 딸입니다.'라고 말할 거예요. 그러면 그 원리주의자들이 '죄송합니다. 저희들이 착각했습니다.'라고 말하고 갈 거예요.

일꾼: 주인댁이 왜 그렇게 보호해 주나요?

라잔: 인도에서는 관계가 중요해요. 인도문화를 존중하면서 주인댁과 깊은 관계를 유지한다면 주인댁이 그렇게 생명을 구해 줄 거예요.

일꾼: 그렇군요. 감동적이네요.

라잔: 인도에서는 관계가 중요해요.

일꾼: 그런데 인도 크리스천들은 힌두들과 좋은 관계를 유지하지 않고 있어서 큰일이네요.

라잔: 사실 그 점이 안타깝긴 해요.

일꾼: 크리스천들은 자신들이 힌두가 아니라고 하면서 서양문화를 추종하고 있으니 힌두 입장에서는 정말 기막힐 일이지요.

라잔: 사실이에요. 저도 어떻게 해야 할지 모르겠어요.

17. 크리스천은 몇 점?

일꾼: 지금 우리가 2개월째 무슨 이야기를 하고 있느냐면 크리스천들이 힌두들과 소통을 못하고 있다는 거예요. 우리가 예수님께 가면 복음 전파를 제대로 못한 것에 무슨 말을 할 수 있을까요?

라잔: 우리가 죽기 전에 예수님이 먼저 오실 거예요.

일꾼: 그럴 수도 있지요. 인도에 크리스천이 약 2%잖아요. 그러니 예수님이 오셔서 크리스천들한테 100점 만점에 왜 2점밖에 못 맞았느냐고 물어보실 수도 있어요. 한국의 복음주의 크리스천은 인구의 16.4%(죠슈아 프로젝트, 2016)로 인도보다는 낫지만 100점 만점에 16.4점 밖에 안된다는 것도 생각해 봐야 해요. 중동과 북아프리카는 0.2%도 안 되는 곳이 많아요.

라잔: 그 정도밖에 없어요?

일꾼: 그렇다니까요. 인터넷에 통계가 다 있어요. 100점 만점에 100점을 못 받으면 심판받을 거라는 말을 하는 것이 아니라 복음이 제대로 전파되지 않는 이유에 크리스천의 책임도 있다는 거죠. 예수님의 심판 기준을 내가 알 수도 없고 함부로 추측해도 안 되겠지요.

라잔: 예수님이 오시면 아무 것도 숨길 수 없겠죠.

일꾼: 당연하죠. 마태복음 7장 21절에 '나더러 주여 주여 하는 자마다 다 천국에 들어가는 것이 아니라 하늘에 계신 내 아버지의 뜻대로 행하는 자라야 들어갈 것이다'라는 말씀이 있어요. 즉 말씀을 행하라는 것이죠.

말씀을 어떻게 행해야 할까요?

서양문화로?

서양문화로 전도해서 상대방이 예수님을 믿지 않는다면 그것은 말씀을 행한 것인가요 아니면 행하지 않은 건가요?

그 말씀에 의하면 도대체 얼마의 크리스천들이 천국에 갈 수 있을지 모르겠네요.

라잔: 그 구절은 복음을 전하라는 말이네요. 그런데 크리스천들이 아니라 바리새인들에게 한 말이잖아요.

일꾼: 군중들에게 하신 말이에요. 방금 형제님이 바리새인이라는 말을 했는데 바리새인이 바로 우리 크리스천들이잖아요.

라잔: 우리는 바리새인이 아니에요. 우리는 예수님을 진심으로 믿고 바리새인들은 그렇게 하지 않았어요.

일꾼: 그럼 우리 크리스천들의 행동을 살펴볼까요?
현재 크리스천들이 꼭 바리새인처럼 교회만 다니면서 서로를 정죄하고 전도는 안 하지요. 그리고 전도를 해도 서양문화를 강요하고 있잖아요. 그리고 아무도 모르게 죄를 짓지요. 어떤 인도 목사님은 기도해 준다는 명목으로 예배 시간에 강단 앞으로 나온 여자들 가슴을 만지다가 들켰잖아요.

라잔: 그런 일이 있었어요?

일꾼: 몰랐군요. 바로 몇 년 전 이 지역에서 있었던 일이에요. 나중에 알려진 바로는 그 목사님이 다른 지역에서도 그런 행동을 했대요.

라잔: 진짜 황당하네요. 어떻게 그런 행동을 했을까요?

일꾼: 다들 눈을 감고 있어서 들킬 줄 몰랐던 거죠. 그리고 목사님들이 돈의 유혹을 쉽게 물리치지 못하고 교회 돈을 횡령해요. 한국에서도 목사님들이 교회 재정을 횡령하는 문제로 시끄러워요. 인도도 예외가 아니지요. 인도 감독 선거 때 어떤 일이 생기는지 들었어요?

라잔: 아니요.

일꾼: 선거 때 자기한테 찍어 달라고 돈을 뿌리고 위협해요. 지지해 주지 않으면 권력을 이용해서 그 사람들을 담임 목사직에서 쫓아내요. 이 지경인데 우리가 바리새인과 뭐가 달라요?

라잔: 다른 것은 있죠.

일꾼: 하! 하! 하! 맞아요. 다른 점이 있죠.

라잔: 하! 하! 하!

일꾼: 우리가 왜 이런 이야기를 하고 있는지 다시 생각해 봐야 해요. 왜 우리가 몇 주째 이런 대화를 하고 있지요?

라잔: 힌두들을 위해서요.

일꾼: 그렇죠. 안 믿는 사람들을 위해 대화하고 있어요.

라잔: 우리의 삶은 예수님을 모르는 사람들을 위해서 존재해야 해요. 다른 이들에게 복음을 전해야 해요. 기도하고 나가야 해요.

일꾼: 맞아요. 전해야 해요.

라잔: 그런데 너무 자주 찾아가면 그 사람들이 부담스러워하니까 잘 조절해야 해요.

일꾼: 그거야 우리가 인도문화 안에서 살고 있으니까 어느 정도가 적당한지 알 수 있잖아요.

18. 성경 사용 방법

일꾼: 다시 이야기 들려주기로 돌아가죠. 인도에서는 이야기로 전하는 것이 효과적이라는 거죠. 형제님이 음식에 대해 관심이

많잖아요. 음식 만들다가 제대로 안되면 다른 식으로도 하고 계속 다른 것을 시도해서 가장 좋은 방법을 찾잖아요. 그러면 우리 크리스천도 복음 전할 때 그렇게 계속 좋은 방법을 찾아야 한다는 거죠. 예전부터 내려온 전통과 방법 특히 인도문화를 제대로 모르는 외국인 선교사들이 가르쳐 준 방법이 정말 맞는지 조사하고 고민하는 것이 필요하다는 거죠.

라잔: 만약 예수님에게 관심 보이는 힌두가 있다면 성경의 어떤 부분을 읽도록 해야 하나요?

일꾼: 사뜨 구루 예수 지(참 스승이신 예수님)이 나오는 복음서가 좋겠지요.

라잔: 제 경우 처음 교회에 다니기 시작했을 때 창세기를 읽었는데 참 좋았어요. 그런데 그 후부터 하나님이 진노하는 것을 보고 성경이 싫더라고요. 모세 이야기도 그렇고. 잔인한 이야기가 너무 많아요.

일꾼: 예수님에 대한 이야기를 모아 놓은 소책자들이 많아요. 그런 것을 주면 읽기가 쉬울 거예요.

라잔: 맞아요. 새 신자에게 소책자가 참 좋은 것 같아요. 이야기로 읽으면 아주 좋아요. 재미있고 이해도 잘 되고. 처음부터 성경 전체를 읽으라고 하면 어디서부터 읽어야 할지도 모르고 읽어도 제대로 이해도 안돼요. 질문만 많이 생기고 답을 몰라요. 제가 목사님께 물어봤더니 요한일서를 읽으라고 하더라고요. 짧아서 이해하기 쉽다고. 그래서 그렇게 했더니 이해가 잘됐어요.

19. 어려운 설교

일꾼: 형제님에 대해 궁금한 것이 하나 있어요.
처음에 교회에 갔을 때 설교 말씀은 좋다고 했죠?
그러면 교회 분위기가 어땠나요?
좋았는지 아니면 낯설었는지.

라잔: 처음에는 위독하신 아버지를 위해 기도하러 갔기 때문에 긴장감이 심했어요. 아버지 회복하시는 것만 신경 썼어요. 그래서 교회 분위기에 일일이 신경을 못 썼고 설교 듣는 것에 집중했어요. 그런데 한두 번 제외하고 설교도 어려워서 이해를 못하겠더라고요.

일꾼: 그랬군요.

라잔: 그리고 결국은 아버지가 돌아가셨어요.

일꾼: 그랬군요. 힘들었겠네요. 누구나 그런 일을 겪으니까 너무 낙심하지 말고 힘내요.

라잔: 고마워요.

일꾼: 아버지가 돌아가신 후에 계속 교회를 다니면서 교회문화에 대해서 어떤 것을 느꼈나요?

라잔: 형들이 제 다리를 분질러 버리겠다고 위협했지만 저는 교회가 좋더라고요. 그래서 계속 출석했어요. 진리가 있다고 믿었어요. 서양 악기로 영어찬양 배우는 것도 좋았고요. 그런데 설교가 이해가 안 되더라고요.

일꾼: 그렇군요.

라잔: 처음에는 집에서 촛불 피우고 기도를 했어요.

일꾼: 촛불요 아니면 디야요?

라잔: 촛불요.

일꾼: 비록 촛불이었지만 디야를 켜는 힌두처럼 촛불을 켜놓고 기도한 것은 자연스런 행동이었네요.

일꾼: 향은?

라잔: 향은 안 피웠어요. 그 후로 교회 다니면서 영어찬양과 서양악기가 좋더라고요. 그런데 설교는 계속 이해가 안됐어요.

일꾼: 저도 자주 설교가 지루해요.

라잔: 설교를 너무 복잡하게 하니까 이해가 안되는 것 같아요. 요리에 대해서 가르칠 때 요리에 필요한 것만 가르치잖아요. 그런데 설교는 창세기에서 요한계시록까지 다뤄요. 그리고 성경구절을 불러주고 읽으라고 해요. 도대체 뭔 말인지 이해가 안되더라고요. 사회자가 성경구절을 불러주고 제가 찾기 전에 바로 그것을 읽어요. 그러니까 무슨 내용이 오고 가는지 감을 잡을 수가 없었어요. 처음에는 더 심했어요.

일꾼: 그렇겠네요.

20. 가문에 먹칠

일꾼: 교회에 다니기 시작했을 때 동네 사람들의 반응은 어땠나요?

라잔: 친구들이 저를 싫어하더라고요. 그리고 동네 사람들도 마찬가지고.

일꾼: 그 사람들이 뭐라고 하던가요?

라잔: 한 아저씨는 저한테 '너, 니 애비 이름 팔아먹었다면서?'라고 말하더라고요.

일꾼: 무슨 뜻인가요?

라잔: 종교를 바꿨다는 말이예요. 즉 가문에 먹칠했다는 말이지요.

일꾼: 그런 심한 말을 해요?

라잔: 그리고 한 마디 덧붙이더라고요. '너 교회에서 얼마 받아?' 받는 것은 없고 오히려 헌금을 한다고 했더니 믿지 않더라고요. 그래서 믿기 힘들면 교회에 와서 보라고 했더니 그 아저씨가 '내가 믿지도 않을 신을 왜 찾아 가야 하냐?'고 하더라고요.

일꾼: 그렇군요.

라잔: 그리고 같은 교회 다니는 형제님도 저와 같은 말을 들었어요. '너, 니 애비 이름 팔아먹었다면서?'
그리고 학원에서 뭘 배우려고 등록했을 때 제 신상명세서에 쓰여 있는 제 성을 보고 학원장님이 '너는 브라민이면서 어떻게 크리스천이냐?'고.

일꾼: 그래서 뭐라고 했는데요?

라잔: 누구든지 크리스천이 될 수 있다고.

일꾼: 그랬더니 학원장님이 뭐라고 했나요?

라잔: 그냥 웃더라고요.

일꾼: 왜 그 학원장님이 그런 말을 했을까요?

라잔: 브라민은 가장 높은 카스트인데 가장 낮은 카스트로 분류되는 크리스천이 된 것을 비웃은 거지요.

일꾼: 그랬군요. 힘들었겠어요.

라잔: 할 수 없지요. 예수님을 따르려면.

일꾼: 언제나 인도에 크리스천들이 최하층 취급에서 벗어날지 모르겠네요.

21. 예배? 파티?

일꾼: 8년째 교회 다니면서 기독교문화로 힌두들에게 전도하면 잘 되겠다 아니면 낯설어서 안되겠다 같은 생각을 해봤나요?

라잔: 아니요. 한 번도 안 해봤어요.

일꾼: 어떤 힌두들은 성탄절 때 교회에 가잖아요. 교회가면 행사도 있고 평안함도 있어서 가는 것 같아요.

라잔: 그런 힌두들이 있어요. 성탄절 때 교회가면 음식 먹을 수 있다, 재미있는 행사도 있다, 예수님의 탄생에 대해서도 들을 수 있다고 생각하고 가요.

일꾼: 그럼 힌두들은 성탄절 때 교회 가는 것을 파티한다고 생각해요?

라잔: 그렇지는 않아요. 일부 사람들만 파티와 비슷한 행사라고 생각하는 것 같아요.

일꾼: 그러면 뿌자(예배)드리러 간다고 생각해요?

라잔: 아니요. 뿌자라고 생각하지는 않아요.

일꾼: 제가 바로 그것을 알고 싶었어요. 우리한테는 예배지만 힌두들한테는 우리의 풍경이 예배로 보이지 않는다는 거죠.

라잔: 힌두들은 어떤 사람들이 매주 교회가면 크리스천이라고 생각해요.

일꾼: 저는 교회 가는 것이 중요한 것이 아니라 가정에서 교회 만들고 예슈박따가 되는 것이 중요하다고 봐요.

라잔: 맞아요. 정말 맞아요. 우리가 할 일이 바로 그거예요. 자신이 있는 곳에서 예배드리고 주위 사람들을 전도해서 가정 예배로 드리면 되는 거지 굳이 서양식 교회로 데려갈 필요는 없다고 생각해요.

일꾼: 형제님의 생각이 참 많이 바뀌었네요.

라잔: 하! 하! 하!

일꾼: 예수님도 귀신 들린 청년과 간음한 여인에게 건물 있는 유대교 회당 즉 교회에 가라고 한 적이 없어요. '네 집에 돌아가서 내가 한 일을 전하라'고 했지요.

라잔: 맞아요. 그렇게 말씀하셨지요.

일꾼: 사도 바울도 교회 건물을 지으라는 말을 한 적이 없어요. 초대교회는 전도 집회 같은 특별한 때를 제외하고 가정에서 모여 예배를 드렸어요. 이유가 있어서 그랬어요. 가정에서 소수로 모이면 가족 같은 마음이 들잖아요. 서로를 잘 알게 되어 서로의 부족한 점을 서로 가르치고 격려해 줄 수 있지요.

사랑, 존경, 평등, 이해 같은 것이 전통(교단) 건물 교회보다 훨씬 강하지요. 그리고 헌금의 대부분을 건물 유지비와 인건비로 지출하는 것이 아니라 검소하게 신앙생활할 수 있지요. 예수님과 사도 바울처럼. 그리고 헌금을 가난한 사람과 복음 전파하는 곳에 사용할 수 있지요. 현재 건물 교회에서는 형제와 자매 또는 가족이라는 말이 무색해요. 예배 시간에 앞 사람의 뒤통수만 보다가 집에 가는데 어떻게 형제, 자매, 가족이라는 말을 사용할 수 있어요?

라잔: 하! 하! 하!

일꾼: 하! 하! 하!

라잔: 가정 교회에 좋은 면이 있는 것이 사실이예요.

일꾼: 지금은 전통(교단) 교회가 너무 보편화되어서 사람들이 그게 진짜 교회라고 생각하지만 초대교회에는 교회 건물이나 교단이 없었어요. 지금은 누가 가정 교회에 참석한다고 하면 이단이 아닌가 하고 의심하지만 원래 기독교는 가정 교회에서 출발했어요. 예수님이나 사도 바울은 구약시대의 교회 형식과 규칙을 다 알고 있었음에도 불구하고 그것들에 대해서 한 마디도 하지 않았어요. 이것이 의미하는 바가 크죠.

라잔: 그렇네요.

22. 상처를 주는 크리스천의 행동

라잔: 제가 한 가지 말씀드릴게요. 사람들이 교회에 오기 전에는 상처를 받지 않아요. 그런데 진리를 찾고자 교회에 와서 상처를 받아요. 교회 사람들이 나쁜 짓을 하고 술 마시고 담배를 피우는 모습에 실망해요.

일꾼: 진리를 찾으러 왔다가 상처를 받고 가는군요.

라잔: 맞아요. 교회에서는 친절하게 하면서 교회 밖에서는 무관심해요. 크리스천이 형제님에게도 그렇게 하면 상처가 되지 않을까요?

일꾼: 상처가 되겠네요.

라잔: 힌두들은 크리스천들이 친절하고 마음이 착하다고 생각해요. 그런데 뒤로는 다른 짓을 하는 것을 보고 실망하고 상처를 받아요. 그런 사람을 보고 교회에 다시 오고 싶어 하지 않아요.

23. 술, 담배

라잔: 힌두들이 교회에서 특히 두드러진 사람들, 예를 들어 교회 찬양 인도자 같은 사람이 술 마시고 담배 피우는 것을 보면 아주 안 좋게 생각해요.

일꾼: 크리스천들에게 술 마시고 담배 피우는 것은 구원과 상관없으니 해도 좋다고 하면 어떨까요?
물론 지나치게 마시는 것은 문제가 되니까 절제하면서 마시면 된다고 가르친다면?
술과 담배를 하면서도 좋은 행동을 하면 힌두들이 크리스천들이 술과 담배를 하는 것에 대해서 부정적으로 생각하지 않을 것 같은데요.

라잔: 사람들이 술 마신 후 이상한 행동을 하니까 문제죠. 그래서 마시면 안된다고 생각해요.

일꾼: 그런데 예수님은 술까지 만드셨잖아요.

라잔: 술을 마신 것은 아니고 만들기만 했잖아요.

일꾼: 유대인들은 각종 축제 때 술을 마셨다고 봐요. 그곳 문화였던 거죠. 성만찬에서도 예수님과 제자들이 포도주를 마셨잖아요. 예수님이 안 마셨다면 왜 가나의 결혼식에서 술을 만드셨을까요?

라잔: 유대인들이 마시는 포도주는 알콜이 조금밖에 없는 술이었어요.

일꾼: 하! 하! 하! 정말요? 확실해요?
사람들이 취할 정도의 포도주였어요. 성경에 그런 내용이 있어요. 사람들이 취했다고. 여기 보세요. 요한복음 2장 10절.

라잔: 하! 하! 하! 그런 내용이 있네요.

일꾼: 예수님의 제자들도 술 마신 것 때문에 바리새인들과 서기관들한테 한 소리 들었잖아요. '마신다'는 표현이 있는데 그것이 물을 마시는 것을 의미한다면 쓰지도 않았겠지요. 술을 마셔서 비난을 받았어요. 여기 읽어 보세요. 누가복음 5장 33절.

라잔: 아, 그런 내용이 있네요.

일꾼: 술 농도가 현대의 포도주와 비교해 어느 정도였는지는 모르지만 분명한 것은 유대 문화에서는 사람들이 술을 마셨다는 거죠. 제가 말하고자하는 것은, 술 마시는 자체가 죄가 아니라는 것이죠. 구원과도 상관이 없고. 구약과 신약 전체를 보면 술에 대한 부정적인 언급과 긍정적인 언급 둘 다 있어요. 그것들을 종합해 보면, 술을 마실 수 있지만, 절제하지 못하

면 큰 문제가 발생한다는 거죠. 사도 바울도 마시는 것을 금지하지 않고 지나치게 취하는 것을 금지했지요.

라잔: 그렇지만 우리가 술 마시는 것을 보고 크리스쳔들이 상처 받으면 그건 죄잖아요.

일꾼: 그것은 다른 문제예요. 술 마실 수 있냐 없냐. 이 질문에 대해서 얘기하고 있어요. 성경전체를 보면 마셔도 되죠. 그런데 우리의 행동으로 다른 이가 상처를 받는다면 금하는 것이 마땅하죠. 그러니까 마셔도 된다. 그러나 만약.

이해가 되나요?

라잔: 이해가 돼요.

그런데 우리의 삶이 누구를 위한 거예요?

안 믿는 사람들을 위한 거잖아요. 안 믿는 사람들이 우리의 술 마시는 모습을 보고 실망하게 하면 안 되죠. 요즘은 인도 목사님들도 마셔요.

일꾼: 저도 그런 얘기 들었어요.

라잔: 목사님들까지 술 마시는 세상이 되었으니 이 일을 어떻게 할지 모르겠어요.

일꾼: 어떤 인도 크리스쳔 형제가 사설 수련원에서 일했는데 한 번은 목사님들의 모여서 수련회를 했대요. 수련회가 끝난 후 청소를 하려고 방마다 들어갔더니 쓰레기통에 술병이 엄청나게 나왔대요.

라잔: 저도 들었어요. 목사님들이 그런 식으로 몰래 마신다고.

일꾼: 어쩌다가 이렇게 술 마시는 것을 죄로 알고 몰래 마시게 되었

는지 모르겠어요. 술을 마시되 절제하라고 가르치면 크리스천들이 그렇게 숨어서 부끄럽게 마시지 않을 텐데요.

라잔: 목사님들이 교회에서는 성도들에게 마시지 말라고 하면서 자기들은 몰래 마시고 있는 사실이 안타까워요. 그런데 우리의 그런 모습에 힌두들이 실망하도록 하면 안되지요. 힌두들은 크리스천은 술을 안 마신다고 생각하니까요.

일꾼: 저도 그 부분은 동의해요. 실망하도록 하면 안 되지요. 그 사람들이 오해할 소지가 있으면 마시지 말아야죠. 유럽이나 호주 사람들은 식사하면서 포도주 한 잔씩 하는 문화가 있어요. 그것이 죄라고 생각하나요?

라잔: 그것은 그쪽 문화니까 괜찮다고 봐요. 하지만 인도에서는 안 된다고 생각해요.

일꾼: 유럽은 취하지 않게 마시는 문화가 있어서 마셔도 되는데 인도 사람들은 그렇지 않으니 마시면 안된다는 말이죠?
너무 마시니까 문제가 생긴다고?

라잔: 맞아요.

일꾼: 알려줘서 고마워요. 바로 제가 그것을 묻고 싶었어요. 인도에서 크리스천들이 술과 담배 하는 것이 적절한지 아닌지 이제 명확히 알았어요. 고마워요. 그런데 술과 담배는 인도문화에 적절하지 않으니까 금지해야 한다고 하면서 왜 인도 교회가 다른 외국문화는 유지하고 있나요? 도대체 기준이 뭔가요?

라잔: 하! 하! 하!

일꾼: 하! 하! 하!

24. 띠까

일꾼: 띠까(힌두들이 종교의식을 한 후 이마에 찍는 빨간 점)에 대해서 어떻게 생각해요?

라잔: 다른 건 몰라도 그건 절대 반대예요.

일꾼: 왜 그렇죠?

라잔: 그건 힌두를 뜻하는 것이니까요.

일꾼: 지금까지 우리가 2개월 넘게 문화를 구속하는 대화를 했잖아요. 성탄절, 부활절, 향과 촛불 사용, 결혼 표시 등.
그 원리를 적용해서 크리스천들도 띠까를 할 수 있지 않을까요?

라잔: 저는 그것에는 절대 동의 못해요.

일꾼: 형제님은 다른 것에는 동의하면서 왜 이 문제에 대해서는 동의 못하나요?

라잔: 제 경험을 하나 들려줄게요. 제가 처음에 크리스천이 되었을 때 일요일을 제외하고 평일에는 제 집 주위에서 시간을 보냈어요. 아침에는 예수님께 기도하고 띠까를 이마에 찍었어요.

일꾼: 와! 아주 자연스런 행동을 했네요. 원래 힌두였을 때 했던 행동이었지만 예수님을 믿은 후에는 예수님께 기도하고 띠까를 찍었잖아요. 그게 바로 인도문화 속에서 신앙생활을 하는 것이고 힌두와 소통하는 것이라고 생각해요.

라잔: 잠깐, 제 얘기 좀 끝까지 들어 보세요.

일꾼: 오, 중간에 끊어서 미안해요. 계속하세요.

라잔: 제 이마의 띠까를 보고 힌두들이 비난하는 거예요.
"너는 크리스천이면서 힌두처럼 하냐?"
그래서 그 후로는 절대 띠까 안하고 다녀요. 앞으로도 절대 안 할 거예요.

일꾼: 그것은 형제님이 처음부터 서양문화를 따르는 크리스천의 모습을 보여줬기 때문에 그들이 그런 반응을 보였을 거예요. 만약 형제님이 처음부터 예슈박따처럼 인도문화를 존중하며 예수님을 믿었더라면 그들이 그렇게 비난했을까요?

라잔: 글쎄요. 모르겠어요. 그런데 제가 계속 띠까를 하고 다니면 힌두들과 크리스천 둘 다 오해했을 거예요.

일꾼: 우리는 누구를 위해 살고 있죠?

라잔: 힌두요.

일꾼: 맞아요. 크리스천들은 이미 예수님 믿고 있으니까 우리가 걱정할 필요가 없어요. 우리는 복음을 모르는 힌두들과 소통하기 위해 살아야죠. 그러니까 크리스천들이 비난하는 것에 대해 너무 스트레스 받을 필요 없어요.

라잔: 생각해 보니 그랬네요.

일꾼: 하나님의 나라에는 다양성이 있어요. 똑같은 서양문화 규칙으로 통일해야 되는 것이 아니예요. 각자의 문화 속에서 우상적인 것만 제거하고 다양하게 예수님을 예배할 수 있어요. 그리고 힌두들은 방금 나눈 것처럼 형제님이 인도문화를 존중하며 예수님을 믿으면 서서히 이해할 거예요. 처음에만 오해가 있을 것이고 그 후에는 거의 없을 거예요. 그런 사례가 인

도 여기저기에 많거든요. 그런 식으로 인도의 많은 사람들이 예수님을 믿고 있어요.

형제님이 띠까를 했을 때 크리스천들은 아무런 말을 하지 않던가요?

라잔: 평일에는 집 주위에만 있어서 크리스천을 만날 기회가 없었어요. 그리고 저희 집이 교회와 멀었거든요.

일꾼: 기독교인들이 서양 우상축제인 성탄절과 부활절에서 우상적인 것은 제거하고 즐기기 시작했을 때 우상숭배자들이 뭐라고 했을까요?

아마도 '너희들은 크리스천이면서 우리 축제에 참여하냐? 도대체 정체가 뭐냐? 이런 가짜 같으니라고!'고 비난했을 테죠. (일꾼이 연극을 하듯이 목소리와 손짓을 사용했다.)

라잔: 하! 하! 하!

일꾼: 즉 처음에는 우상숭배자인지 크리스천인지 구분이 안됐을 거예요. 그런데 점점 세월이 흐르면서 우상숭배자들이 인식했겠죠. 크리스천들은 축제의 많은 부분을 즐기되 우상숭배를 하지 않고 예수님을 섬긴다는 것을. 그리고 크리스천들이 삶 속에서도 예수님의 증인된 모습을 보여주려고 노력했겠지요. 그래서 우상숭배자들도 결국 예수님을 믿게 되었을 거예요. 정치적으로 황제들이 자신들의 나라를 기독교 국가로 선포하는 순간 모두가 명목상의 기독교인이 되었지만 서서히 사람들은 자신들의 문화 속에서 예수님을 예배하면서 진짜 기독교인이 되어갔어요. 기독교 지도자들이 자신들의 문화 속에

예수님을 넣어 가르쳤어요. 그래서 약 2천 년간 유럽 사람들의 대부분이 예수님을 믿었어요. 물론 그 가운데는 명목상의 신자들도 있지만요. 형제님이 띠까를 하면 힌두들과 크리스천들이 모두 비난할 거예요. 하지만 서서히 사람들이 형제님의 진심을 알게 될 거예요. 비난을 견디기가 쉽지 않아요. 예수님을 따르는 길이 좁은 길이라고 했잖아요. 좁은 길이라는 의미가 이런 것을 두고 하는 말 아닐까요?

그러나 나중에는 양쪽이 다 형제님을 존경할 거예요.

라잔: 그런 말을 하려고 띠까를 언급하셨군요.

일꾼: 맞아요. 사실 띠까는 좋은 의미를 가지고 있잖아요. 신에게 예배드리고 스스로 또는 서로의 이마에 띠까를 찍어 주면서 복을 빌어주잖아요. 그리고 남편과 아내도 서로 찍어주고. 얼마나 아름다워요?

그 빨간색 허브를 힌두들이 특허낸 것이 아니잖아요. 마치 쌀과 같아요. 쌀을 우상에게 드리면 우상의 음식이 되지만, 예수님께 드리면 예수님의 것이 되잖아요.

그런데 쌀은 괜찮다고 하면서 왜 띠까는 안된다고 하나요?

기준이 뭔가요?

라잔: 형제님이 무슨 말을 하는지 이제야 알겠어요.

일꾼: 한 가지 더 질문을 할게요.

하나님에게 이런 문화 형식이 중요할까요?

아니면 중요하지 않을까요?

라잔: 글쎄요. 잘 모르겠어요.

일꾼: 성경에 보면 하나님은 외모가 아니라 중심을 보신다고 하셨어요. 성경에 그런 구절 읽은 적 있죠?

라잔: 있어요.

일꾼: 즉 우리의 행위가 아니라 마음을 보신다는 거죠. 그러니까 우리가 띠까를 하든 안하든, 결혼 표시를 하든지 안하든지 상관이 없는 거예요. 그렇지만 사람은 달라요. 사람에게는 의미뿐 아니라 형식도 중요해요. 하나님에게는 문화가 필요 없지만 사람에게는 문화가 필요해요. 그래서 사람들이 계속 문화를 만들어내고 있잖아요. 각종 명절, 졸업식, 성인식, 결혼식, 장례식 등 아주 많잖아요. 형제님이 입고 있는 옷, 생각, 행동, 사람들과 소통하는 방법 등이 다 문화잖아요. 그리고 하나님은 사람이 만든 문화를 존중하셔요. 하나님이 모든 문화를 일일이 성경에다 기록한 것이 아니에요.

　하나님이 인도 사람들은 쌀과 짜빠띠를 먹어야 한다고 말씀하셨나요?

라잔: 그런 말은 없지요.

일꾼: 인도 사람들이 쌀과 짜빠띠를 먹으며 하나님을 예배하는 것을 하나님은 존중하시고 기쁘게 생각하셔요. 아브라함에게 언약하실 때도 동물을 두 쪽으로 자르라고 하시고 그 사이로 불이 지나가게 하셨어요. 그것은 유대 문화가 아니고 우상숭배를 하던 중동 사람들의 문화예요. 약속할 때 동물을 쪼개어서 그 사이로 지나가면 서로 약속을 한 것이었대요. 하나님이 이방문화를 사용해서 아브라함과 언약을 맺은 거죠.

상상이 가요?

라잔: 그런 내용이 어디 있어요?

일꾼: 잠깐 기다려 봐요. 여기 있네요. 창세기 15장.

라잔: 저도 읽어 볼게요.

일꾼: 천천히 읽어 봐요.

라잔: (성경을 읽은 후) 아, 정말 이런 재미있는 내용이네요. 왜 내가 성경 읽으면서 한 번도 이 부분에 대해 생각을 안했을까.

일꾼: 우리가 계속 문화 문제를 얘기하는 것은 사람들이 특정한 문화 속에서 살고 있기 때문이에요. 그래서 문화를 제대로 모르면 진리를 전하기 어려워요. 그래서 띠까 이야기가 나온 거예요. 하나님에게는 띠까가 중요하지 않지만 사람들에게는 띠까가 중요하다는 거죠. 힌두들은 종교 의식을 할 때 그리고 아침마다 스스로 또는 가족이 서로 신의 이름으로 복을 빌어주며 띠까를 해주고 외출하는데 크리스천들이 안 하면 힌두들이 크리스천들을 '자기네' 사람으로 보지 않고 '외국사람'으로 본다는 거죠.

문화 때문에 복음이 제대로 전파가 안되는 것은 심각한 일이 아닌가요?

라잔: 정말 그랬네요. 중요한 문제네요.

일꾼: '힌두'라는 말은 보통 종교를 뜻한다고 생각하지만 사실 그렇지 않은 면이 더 많아요. 형제님 아시잖아요. 힌두에는 공산주의자들도 있고, 아르에 싸마즈처럼 형상을 숭배하지 않고 영원한 창조주를 숭배하는 집단도 있다는 것을.

라잔: 저도 알아요. 힌두에는 정말 다양한 집단들이 있어요. 그래서 힌두라는 말이 무슨 말인지 헷갈리기도 해요.

일꾼: 아르에 싸마즈는 힌두 형상들을 숭배하지도 않으면서 자신들을 힌두라고 하고, 종교를 혐오하는 인도 공산주의자들도 자신들을 힌두라고 밝혀요. 이 말은 즉 힌두라는 것은 문화를 뜻한다는 거죠. 인도에 사는 모든 사람들은 종교에 상관없이 힌두죠. 그리고 힌두문화 속에서 각자 원하는 종교를 선택하는 거죠. 한국 사람들도 마찬가지예요. 한국에 사는 사람들은 종교에 상관없이 다 한국인이에요. 그리고 한국인 가운데 각자의 종교가 다른 거죠. 만약 한국의 크리스천들이 '나는 한국인이 아니고 크리스천입니다'라고 하면 다들 배꼽 빠지게 웃을 거예요.

라잔: 하! 하! 하!

일꾼: 하! 하! 하! 마찬가지로 인도에 사는 사람들이 다 문화적으로 힌두인데, 인도 크리스천들이 '저는 힌두가 아니라 크리스천입니다.'라고 말하면 힌두들이 뭐라고 할까요?
'당신들은 서양 사람들이냐?'고 묻지 않나요?

라잔: 그렇게 물어요. 크리스천들은 인도 것을 버리고 서양 것을 쫓는 사람들이라고 생각해요.

일꾼: 정말 웃기는 일이 아닌가요?
인도 사람이면서 인도 사람이 아니라고 하는 상황이.

라잔: 웃기는 일이지요. 그런데 교회 다니다 보니 '교회는 이런 것인가 보다'라고 생각하고 적응했어요.

일꾼: 안타깝지 않나요?

라잔: 생각해 보니까 그렇네요. 처음 듣는 얘기라서 좀 더 생각을 해보긴 해야겠지만 힌두에 다양한 집단이 존재하고 있다는 말은 잘 이해가 되네요.

일꾼: 그렇다고 내가 형제님에게 지금 바로 띠까를 하고 다니라는 말은 아니예요. 지금 형제님은 교회 근처에 살고 있잖아요. 만약 지금 당장 실행에 옮긴다면 교인들이 형제님을 비난할 거예요. 형제님이 아무리 설명해도 그들은 서양문화가 성경문화라고 생각해서 형제님을 비난할 거예요. 어쩌면 형제님을 힌두 또는 이단으로 보고 더 이상 교회에 오지 말라고 하겠지요.

라잔: 그러면 어떻게 해야 하나요?

일꾼: 문화 문제에 대해 충분히 고민해 보세요. 성경에서 관련 구절도 읽어보고. 그리고 이곳에 사는 힌두들에게 실천할 수 있는 것을 생각해 봐요. 다 못한다 해도 일부라도 실천할 수 있을 거예요. 그리고 나중에 다른 지역에 살거나 다른 나라에 살 때 문화적으로 적절한 전도를 할 수 있겠지요. 앞날을 모르잖아요. 어느 지역에 살지 모르잖아요. E. 스탠리 존스가 쓴 『인도의 길을 걷고 있는 예수』를 읽어봐요. 우리가 얘기하고 있는 내용이 그 책에 들어 있어요. 그분은 미국인이었지만 서양문화가 성경문화가 아니라고 생각하고 성경을 근거로 인도문화를 존중하면서 복음을 전했어요.

라잔: 그런 이름 처음 들어봤어요.

일꾼: 아무튼 현재로서는 걱정하지 말고 이 분야에 대해서 생각을 많이 해봐요. 어떻게 해야 힌두들과 소통할 수 있는지. 나중에 기회가 되면 내가 형제님과 함께 다른 지역을 방문하면서 예슈박따들을 소개해 줄 수도 있을 거예요.

라잔: 알겠습니다. 잘 생각해 볼게요.

25. 브라민 출신 크리스천이 변하다

일꾼: 이런 얘기하는 것이 처음이예요?

라잔: 예. 처음이예요. 교인 가운데 어느 누구도 이런 주제에 대해서 이야기를 안 하더라고요.

일꾼: 저는 우리의 만남을 하나님께서 예비하셨다고 믿어요.

라잔: 저도 그렇게 생각해요.

일꾼: 형제님은 복음을 전하고 싶다고 했잖아요. 하나님께서 그런 마음을 아시고 저와 만나게 하신 것 같아요. 대화하면서 서로 많이 배우고 있잖아요. 전도가 안되는 상황에 대해 대화를 나누면서 서로 바람직한 것들을 고민하는 이 기회를 하나님께서 주셨다고 생각해요.

라잔: 저도 그렇게 생각해요. 형제님하고 대화할 때 참 좋아요. 전에 한 번도 생각하지 않은 것을 생각할 기회를 갖고 있어요. 아침부터 밤까지 예수님에 대해서 대화 나누면 전혀 지루하지 않아요. 요한복음 3장 16절을 읽어보세요.

일꾼: 아, 잠깐, 찾아볼게요.

라잔: '하나님이 세상을 이처럼 사랑하사'의 뜻에 대해서 말하고 싶어요. 세상을 이처럼 사랑하셨다는 것은 세상 사람들에게 복음을 전하고 싶다는 말이라고 생각해요. 그렇다면 세상 사람들이 이해할 수 있는 방법으로 전해야 한다고 생각해요.

일꾼: 와! 우리가 대화하는 목적을 정확히 이해하고 있네요. 우리가 2개월 넘게 이런 대화를 하는 있는 것은 궁극적으로 크리스천들을 위해서 뭘 할까가 아니라 힌두와 무슬림들에게 어떻게 복음을 전할까예요. 이제야 형제님이 제가 무슨 말을 하는지 제대로 이해한 것 같아요. 형제님 대단합니다. 하나님께서 형제님에게 복을 주시고 늘 인도해 주시길 바랍니다.

라잔: 감사드립니다.

9 ▸ 브라민 출신의
크리스천 3: 마헨드라

2012년 말 브라민 출신 마헨드라는 인도 신학교의 마지막 방학을 즐기고 있었다. 당시 그는 20대 중반이었다. 필자는 그를 2005년 초부터 알고 있었다. 오랜만에 만나자 마자 기쁨의 포옹을 했다.

1. 신학교에서 문화에 대해 배우다

일꾼: 오랜만이네요. 벌써 2년이 넘었네요.

마헨드라: 그런 것 같네요. 정말 반가워요.

일꾼: 신학교에서 공부하면서 느낀 것 가운데 인상 깊은 것이 있으면 나눠줘요.

마헨드라: 구약과 신약 모두 좋았고 선교학 과목도 좋았어요.

일꾼: 선교학에서는 어떤 것을 배웠어요?

마헨드라: 선교학 개론도 배우고 복음과 문화의 관계에 대해서도 배웠어요.

일꾼: 그래요?

인도 신학교에서 그런 것을 가르친다니 놀랍네요.

마헨드라: 선교학은 선택 과목이었지만 저는 앞으로 선교를 하고 싶어서 수강했어요.

일꾼: 몇 명이나 수강했나요?

마헨드라: 세 명인가 수강했어요. 신학생 가운데 선교학을 선택한 사람은 아주 소수였어요.

일꾼: 어떤 식으로 배웠나요?

마헨드라: 교수와 학생들이 토론하는 식으로 수업을 했어요.

일꾼: 그렇군요. 교수님은 복음과 문화의 관계에 대해 뭘 주장하시던가요?

마헨드라: 서양교회가 서양문화 속에서 예수님을 믿고 있는 것처럼 우리 인도사람들도 인도문화 속에서 예수님을 믿어야 한다고 하셨어요.

일꾼: 형제님은 그 부분에 대해서 어떻게 생각하세요?

마헨드라: 저도 전적으로 동의합니다. 복음은 문화를 언급하지 않고서 전할 수 없으니까요. 서양 사람들이 가르친 것을 생각 없이 따를 것이 아니라 우리 인도의 자생 신학을 발전시켜야죠.

일꾼: 저도 그렇게 생각해요. 자생 신학이 형성되어야 신앙이 깊이 뿌리를 내려요. 서양문화는 분별하지 않고 따라서 하면서 누가 인도문화로 예수님을 믿으려고 하면 우상숭배니 혼합주의니 하는 말을 해요.

마헨드라: 이런 말을 하면 교회 목사님들이 이단이라고 비난하니까

무슨 말을 못하겠더라고요.

일꾼: 한국도 똑같은 상황이에요. 한국 교회 형식도 서양식이거든요. 설, 추석, 동지, 장례식 등의 일부 한국문화도 구속(redemption)해서 인정하고 있지만 아직도 예배 형식, 악기, 찬양, 설교 등을 보면 서양문화의 영향이 커요. 그런데 현 상태에서 누가 한국문화에 대해서 조금 더 얘기를 하려고 하면 우상숭배니 혼합주의니 하는 말을 해요.

마헨드라: 하! 하! 하! 솔직히 기독교 문화 자체가 혼합주의잖아요. 우상숭배와 기독교 진리를 혼합했다는 말이 아니라 이미 인도 기독교 문화에 서양문화와 약간의 인도문화들이 섞여 있다는 말이에요. 그리고 요즘 어떤 인도 교회들은 한국식으로 통성기도도 해요. 문화가 섞인 거죠. 그런데 그것도 모르고, 인도문화에 대해서 조금 더 언급하면 이단이니 혼합주의니 하는 말을 해요. 판단 기준이 성경이 아니라 서양문화인 거죠. 성경은 각자의 문화 속에서 자유롭게 예수님을 믿을 수 있다고 했는데 왜 서양문화만 정답이라고 우기는지 모르겠어요.

일꾼: 그게 현실이죠. 그러니까 우리가 다른 사람들을 교육시켜야죠. 아무튼 형제님이 그런 부분까지 생각했다니 놀랍네요. 예전에 우리가 만났을 때는 형제님은 기타치고 서양찬양 부르는 것 이외에 이런 고민을 하지 않았잖아요.

마헨드라: 그렇죠. 그때는 아무 것도 몰랐으니까요. 그리고 제 나이도 어렸죠. 친구들하고 어울려 다니고 예쁜 아가씨 뒤를 졸졸

따라다니는 것이 전부였죠. 하! 하! 하!

일꾼: 하! 하! 하! 그 나이 때는 다 그렇죠. 하! 하! 하!

마헨드라: 그런데 어느 정도까지 인도문화를 존중하면서 복음을 전해야 할지 고민하고 있어요. 우리 크리스천이 인도문화를 존중해야 하는 것은 맞지만 그렇다고 우리가 힌두는 아니잖아요.

일꾼: 그렇죠. 우리가 영적으로는 힌두가 아니죠. 하지만 문화적으로 힌두문화를 깊이 존중해야 한다고 봐요. 물론 악한 것만 빼고요. 이미 성경이 다 가르쳐 주셨잖아요. 우상숭배와 간음 같은 것만 제외하고 자신의 문화 속에서 예수님을 믿을 수 있다고.

마헨드라: 그렇긴 하지만 크리스천으로서 다른 점도 있어야 한다고 봐요. 그래서 고민하고 있어요.

일꾼: 고민하고 나중에 만나면 더 얘기 나누죠.

마헨드라: 그래요.

2. 이야기 들려주기와 가정 교회 예배 방식

2013년 중반 나는 마헨드라를 다시 만났다.

일꾼: 졸업하고 요즘 뭐하고 있어요?

마헨드라: 한 교회에 고용되어 성경을 가르치고 있어요. 시골 교회에서 사역자 또는 교사로 섬기는 사람들을 위한 단기 성경공

부반을 인도하고 있어요.

일꾼: 중요한 일을 하고 있네요.

혹시 가정 교회를 하고 싶지는 않아요?

마헨드라: 그렇지 않아도 기존의 교회와 다른 형식의 교회를 개척하고 싶은 마음이 계속 생겨서 곧 몇 사람을 만나서 얘기하기로 했어요. 그들은 크리스천이지만 전통(교단) 교회에 가지 않고 독립적으로 가정 교회를 운영하고 있어요. 그들이 인도 문화에 적절하게 교회를 운영하고 있는지 아닌지는 몰라요. 이번에 만나보려고요.

일꾼: 가정 교회를 하는 사람들이 있어요?

그 사람들과 의견이 일치되면 어떤 식으로 가정 교회를 운영하려고 하나요?

마헨드라: 고민해 봐야죠. 먼저 그들과 얘기도 많이 나눠 보려고요.

일꾼: 제가 일하는 팀이 인도문화를 고려해서 선교를 하고 있어요. 그리고 인도의 여러 지역에 그런 팀들이 있어요. 전도가 잘 되어 열매도 많아요. 물론 항상 잘 되는 것은 아니지만 보통은 전통적인 방식보다 전도하기가 훨씬 수월해요. 제가 도울 부분이 있으면 돕고 싶네요.

마헨드라: 어떤 식으로 가정예배를 드리세요?

일꾼: 체계적인 설교 대신 이야기를 들려줘요. 그래서 듣는 사람들이 지루해하지 않고 기억을 잘 해요. 그리고 그들이 들은 이야기를 힌두들에게 자연스럽게 전해요.

마헨드라: 어떻게 하는 건데요?

일꾼: 성경에 있는 한 이야기를 선택해서 대상을 고려해서 각색을 하는 거죠. 진짜 우리 앞에서 일어나는 이야기처럼 목소리도 다양하게 하고 몸짓도 해요. 할렐루야와 아멘 같은 외국어는 힌디어로 바꾸고 중요하지 않은 지명이나 인물들의 이름은 언급하지 않아요. 이야기에 없는 서론이나 결론을 말하지 않고 그냥 이야기만 그대로 전해요. 그런 다음 다섯 개의 질문을 해서 사람들이 받은 은혜를 나누게 해요.

까타(종교 이야기)에서 어떤 부분이 좋았나요?

다른 사람이 들으면 어떤 부분을 싫어할까요?

사람에 대해서는 뭘 배웠나요?

하나님에 대해서는 뭘 배웠나요?

까타를 어떻게 적용할 건가요?

마헨드라: 잠깐, 다섯 개의 질문을 다시 알려주세요. 제가 적을게요.

일꾼: 카타(종교 이야기)에서 어떤 부분이 좋았나요?

다른 사람이 들으면 어떤 부분을 싫어할까요?

사람에 대해서는 뭘 배웠나요?

하나님에 대해서는 뭘 배웠나요?

까타를 어떻게 적용할 건가요?

마헨드라: (마헨드라가 수첩에 적었다.) 그러면 다음 주에 제가 사람들을 모을 테니까 형제님이 성경 이야기를 하나 들려주실래요?

일꾼: 그러지요.

마헨드라: 예배 순서는 어떻게 진행하나요?

일꾼: 전통(교단) 교회처럼 한두 명이 예배를 이끌어 가는 것이 아니라 참가자 모두 매주 한 가지 책임을 맡아요. 환영 인사, 디야(인도식 기름등잔)와 향과 꽃의 의미를 성경구절로 설명, 바잔(찬양) 인도, 기도 응답 받은 것, 까타(종교 이야기) 듣기, 카다를 묵상하고 다섯 가지 질문 나누기, 까따를 힌두들에게 전하기 위한 짧은 파송식, 기도 제목 나누고 기도하기, 마침 찬양, 짜이 마시기. 모두 한두 가지씩 맡아서 가정 교회가 자신의 교회라는 인식을 갖게 해요.

마헨드라: 그렇게 하시는군요.

일꾼: 만약 목사님을 청빙해서 월급을 주면서 교회를 이끌어 가게 하면 다른 사람들은 곧 바로 수동적이 돼요. 목사님이 월급을 받으니까 교회 일은 목사님이 우선적으로 해야 한다고 생각하게 되는 거죠. 저희는 그런 수동적인 신자를 주인의식을 가진 신자로 바꾸고 예배 때 누구나 까타를 듣고 집에 가서 이웃들에게 예수님을 전하게 해요.

마헨드라: 흥미롭네요.

일꾼: 이런 내용을 신학교에서 안 다뤘나요?

마헨드라: 전혀요. 저희는 학문적인 것을 다루기 때문에 이런 것은 들은 적도 본 적도 없고 해보지도 않았어요.

일꾼: 이런 예배 형식을 T4T 즉 훈련자를 위한 훈련(Training for Trainers)라고 해요. 한 중국인 사역자가 중국에서 이 형식으로 수백만 명을 전도했어요. 그리고 이 형식의 예배가 많은

비서양문화에 적절하다는 봐요. 비서양권도 문화가 조금씩 다르니까 각자의 문화에 맞게 T4T를 조금씩 바꾸면 되지요.

마헨드라: 그렇군요. 신학교들이 선교 단체들보다 현장 감각이 좀 떨어지는 것은 사실이예요.

일꾼: 그래도 신학교에서 학문적으로 사역자들을 잘 가르쳐서 하나님의 나라에 기여하고 있잖아요. 신학교에도 장단점이 있고, 선교단체도 장단점이 있어요.

마헨드라: 그렇긴 하죠.

3. 이야기에 대한 반응

일주일 후 필자는 약속대로 소모임 때 사자 굴속의 다니엘 이야기를 들려줬다. 필자를 제외하고 네 명의 인도인들이 참석했다.

일꾼: 오늘 제가 성경 이야기를 들려드렸는데 소감 좀 들려주세요.

참가자 1: 아주 좋았어요. 재미있었어요.

마헨드라: 꼭 인도인이 들려주는 것 같았어요. 몸짓까지 하니까 지루하지 않았어요.

일꾼: 오늘 성경 이야기를 교회에서 듣는 체계적인 설교와 비교하면 뭐가 다르다고 생각하세요?

참가자 1: 오늘 이야기가 훨씬 좋았어요.

일꾼: 좀 더 자세히 말씀해 주실 수 있나요?

참가자 1: 길지 않고 재미있고 자연스럽고.

마헨드라: 저도 같은 생각이예요. 집중이 잘 되더라고요.
일꾼: 그럼 오늘 이야기를 기억해서 주위의 힌두들에게 전할 수 있겠어요?
참가자 1: 물론요.
마헨드라: 물론요.

4. 지역사회개발(구제 사역), 외국인 선교사에 대한 인식

며칠 후 필자는 마헨드라를 다시 만났다.

마헨드라: 제가 관심을 갖고 있는 또 한 분야가 있어요. 제가 돈을 좀 모으면 가난한 크리스천들이 자립할 수 있는 자활 교육을 실시하려고 해요.
일꾼: 좋은 생각이네요.
    그런데 어떻게요?
마헨드라: 자동차를 한 대 사서 가난한 청년들이 스스로 기름을 넣고 운전 연습도 하고 필요한 일에 사용하게 하려고요.
일꾼: 왜 그런 일을 하려고 해요?
마헨드라: 크리스천 가운데 가난한 사람들이 많으니까요. 제가 보기에 외국인 선교사들은 구두쇠라서 자신들이 가진 돈을 절대 나누지 않더라고요. 그러면서 선교사라고 폼만 잡고.
일꾼: 하! 하! 하! 왜 선교사가 자신의 돈을 가난한 사람과 나눠야 하나요? 돈을 나누는 것보다 격려하고 정보를 주는 것이 훨씬

도움이 될 수 있어요. 돈을 나눠주면 며칠, 몇 주, 몇 달 안에 다 써버리지만 직장을 갖도록 격려하고 정보 찾는 법을 가르쳐 주면 평생 살 수 있어요. 물고기보다 물고기 잡는 법을 가르쳐 주라는 말이 있잖아요.

마헨드라: 무슨 말씀 하시는 건지는 이해가 되지만, 저는 실제로 돕는 것도 필요하다고 봐요. 예수님은 가난한 자를 도우셨잖아요. 그런데 선교사들은 엄청난 후원금을 받으면서 인도 사람들에게 나눠주지 않고 혼자서 누릴 것 다 누리면서 살잖아요. 그 후원금은 선교지 사람들을 위해서 본국에서 보낸 것이지 선교사 혼자서 즐기라고 보낸 돈이 아니잖아요.

일꾼: 하! 하! 하! 예수님도 특별한 때 사람들을 위해 기적을 베풀었지만 정기적으로 후원금을 줬던 적도 없고 정기적으로 음식을 줬던 적도 없어요. 사도 바울도 가난한 사람을 매달 후원했다는 기록이 없어요.

왜 외국인 선교사의 돈을 탐내세요?

그 사람들도 선교사로 왔으니 선교에 필요한 곳에 돈을 쓰겠지요.

마헨드라: 저는 많은 외국인 선교사 특히 미국 선교사들의 사치와 오만방자한 모습을 많이 봤어요. 그리고 재정적으로도 인도 사람들이 한두 달 또는 몇 달 걸려야 벌 수 있는 돈을 단 하루만에 다 써버리더라고요. 한국 선교사들은 그나마 정이라도 있지요. 외국인 특히 미국인 선교사들은 우리 인도 사람들을 무시해요. 외국 단체의 규칙을 보면 자기들이 우월하다는 것

이 다 나타나 있어요. 우리를 노예로 삼으려고 해요.

일꾼: 그게 무슨 말이예요?

마헨드라: 우리가 죽도록 일해도 당연히 주를 위해 무료로 봉사해야 한다고 생각하고 약간의 용돈을 준다니까요. 우리의 경험과 학위에 맞는 대접을 안 해줘요. 그리고 뭐든지 자기들이 옳다고 생각해요.

일꾼: 아, 그런 면이 있군요. 안타깝네요.

마헨드라: 그래서 요즘 신학생들은 졸업하고 콜 센터에 가려고 해요.

일꾼: 왜 콜 센터예요?

마헨드라: 외국인 선교사 밑에서 노예로 살고 싶지 않은 거죠. 그리고 콜 센터에서 일하면 월급을 더 받을 수 있어요.

일꾼: 각자 길을 선택하면 되지요. 외국인 선교사와 함께 일하기 싫으면 다른 직업 가지면 되고.

마헨드라: 외국인 선교사들 정말 싫어요. 우리를 아무것도 모르는 노예 취급한다니까요.

일꾼: 외국인 선교사를 그렇게 싫어하면서 왜 예전부터 외국인 여자 선교사와 결혼하고 싶어 해요?

마헨드라: 하! 하! 하! 저는 가난해요. 솔직히 가난을 탈출하고 싶어요. 외국인과 결혼하면 재정 문제가 해결될 것이고 다른 나라도 쉽게 갈 수 있잖아요. 그리고 가난한 사람들을 위해 좋은 일을 하고 싶어요. 미국인 여자도 좋지만 가능하면 한국인 여자와 결혼하고 싶어요.

일꾼: 왜 한국인요?

마헨드라: 인도인과 한국인의 정서가 비슷해서 편해요. 그리고 한국 교회가 미국 교회보다 더 많이 후원해 준다고 하더라고요.

일꾼: 하! 하! 하! 형제님의 결혼 동기가 좋지 않네요. 외국인 선교사들의 사치는 비난하면서 정작 형제님도 그렇게 살고 싶어 하잖아요.

마헨드라: 그런 상황이 되었네요. 하지만 제가 인도인과 결혼한다면 가난한 인도인 여자와 결혼하게 될 거예요. 그러면 잘 사는 크리스천들과 힌두들이 저를 평생 무시할 거예요. 크리스천들이 거의 다 가난하잖아요.

일꾼: 형제님의 결혼 동기 그리고 사역에 있어서의 우선순위를 잘 살펴보길 바래요. 그리고 가난한 크리스천들을 돕는 것은 아름다운 마음이지만, 그 일에 많이 신경을 쓰면 미전도 종족에게 신경이 덜 갈 거예요. 형제님은 미전도 종족에게 복음을 전하고 싶다고 했잖아요.

마헨드라: 저는 두 가지 다 할 거예요. 외국인 여자와 결혼만 하면 재정적인 문제 그리고 다른 나라 방문할 때 비자 문제가 다 해결될 거예요.

일꾼: 아무튼 잘 생각해 봐요. 어떤 것이 우선순위인지. 그리고 결혼에 대한 생각이 올바른지.

마헨드라: 아무튼 관심 가져주서서 감사해요.

5. 포르투갈의 만행, 복음과 문화는 어떤 관계?

2016년 중순 나는 마헨드라를 다시 만났다. 그는 신학교에서 또 하나의 학위 과정에 있었다.

일꾼: 공부 잘 하고 있어요?
마헨드라: 공부가 재미있어요.
일꾼: 어떤 과목에 특히 관심이 가나요?
마헨드라: 신약과 구약과 선교학이요.
일꾼: 여전히 선교학에 관심이 많군요. 전에 우리가 복음과 문화에 대해서 이야기를 나눴잖아요. 그래서 그와 관련된 하나의 예를 들려줄게요. 얼마 전에 한 전통(교단) 교회의 장로님에게 힌두들이 크리스마스라는 뜻을 모르니 예슈 자얀띠(생일)로 하면 어떻겠느냐고 했더니 그분이 자얀띠라는 뜻을 모르겠다고 하더라고요. 그래서 나는 그분이 낮은 카스트 출신이라고 추측했어요.
마헨드라: 그런 것 같네요. 중상류 카스트 출신이면 그 뜻을 바로 알았을 테니까요. 특히 브라민 가족은 자신들의 자녀에게 힌두 관습을 철저히 가르치거든요. 그런데 인도 크리스천 가운데 중류와 상류 카스트는 거의 없어요. 특히 브라민은 더더욱 적지요.
일꾼: 통계에는 인도 크리스천 가운데 상위 세 개 카스트 즉 브라민, 크샤트리아, 바이샤의 비율이 약 5%래요. 브라민은 얼마

나 될지 모르겠네요.

마헨드라: 저도 정확한 것은 모르지만 아주 적어요.

일꾼: 내가 그 장로님에게 그런 질문을 한 이유는 크리스천들이 자꾸 외국어를 쓰고 있는 것이 복음의 한 장애물이라고 생각하기 때문이에요.

마헨드라: 그렇긴 하죠. 사실 인도에서 기독교가 성공하지 못하는 가장 큰 이유는 포르투갈이에요. 힌두에서 개종한 사람에게 개종의 증표로 쇠고기를 먹게 하고 술을 마시게 했어요.

일꾼: 저도 책에서 읽었어요. 힌두들이 신으로 섬기는 소를 잡아먹었으니 전도는 끝난 거죠. 영국 사람들도 나쁜 짓을 많이 했지요.

마헨드라: 영국 사람들보다 포르투갈 사람이 훨씬 심했어요. 개종 대상자도 중상류 카스트가 아니라 거의 최하층 카스트 사람들이었어요.

일꾼: 최하층 무슬림도 포함되어 있었지요. 서양 사람들은 자신의 문화 안에서 예수님을 믿고 있는데 왜 인도 크리스천들은 서양문화를 추종하나요?

이 더운 나라에서 왜 넥타이에 양복을 입고 양말에 구두를 신어야 하나요?

하! 하! 하!

마헨드라: 하! 하! 하! 그러게 말이에요.

일꾼: 인도 교회 특히 오래된 교회에서 부르는 찬송가의 곡들은 유럽과 미국 사람들이 작사 작곡한 것이잖아요. 사실 한국 교회

도 그 찬송가를 그대로 사용해요. 서양 노래를 정확히 부르려면 시간이 걸려요. 그런데 인도 바잔은 바로 배울 수 있더라고요. 선창을 하면 따라서 하는 식으로 되어 있으니까요. 서양찬양을 부르려면 대개 책이 필요해요. 그래서 성도들이 찬송가를 보며 부르거나 프로젝트로 가사를 보면서 불러요. 그런데 바잔은 앞 사람을 따라서 부르면 되니까 음표나 가사를 볼 필요가 없더라고요.

마헨드라: 바잔이 쉬운 것은 사실이지요. 그냥 따라서 부르면 익힐 수 있으니까요. 반면에 서양찬양을 배우려면 연습이 필요해요.

일꾼: 한국의 한 선교단체에서 국악찬양을 만들어서 보급해요. 국악을 부를 때 서양찬양에 비해서 더 자연스런 감동이 온다고 할까요. 아무튼 참 좋아요. 그 선교단체에 한 달에 한 번씩 찬양 집회를 하는데 서양찬양을 부르면 주로 청년층이 좋아하는데 국악찬양을 하면 나이나 성별에 상관없이 다 어깨를 들썩거려요. 국악에 한국인의 혼이 있는 것이죠. 지금은 한국이 서양화가 되어서 서양음악이 보편적이지만 한국인의 깊은 혼에는 한국문화가 들어 있는 거라고 볼 수 있어요.

서양찬양을 부르는 인도사람들이 얼마나 힘들까요?

마헨드라: 고칠 것이 한두 가지가 아니에요. 인도 크리스천들이 변할지 모르겠어요.

6. 순교의 정의

일꾼: 그리고 순교의 이유도 잘 생각해 봐야 해요. 예수님을 위해 죽는 것인지 아니면 예수님과 상관없는 서양문화를 고수하려다가 힌두들의 미움을 사서 죽는 것인지.

마헨드라: 무슨 말이에요?

일꾼: 누가 크리스천에게 와서 너 예수 믿느냐 안 믿느냐고 물었을 때 예수님을 믿는다고 대답을 해서 죽임을 당했다면 그것은 순교지요.

그런데 서양문화로 예수님을 믿다가 가족이나 다른 사람한테 죽임을 당하면 그것이 순교일까요, 아닐까요?

마헨드라: 예를 하나 들어 주세요.

일꾼: 노방전도 하다가 죽으면 그게 순교일까요?

인도 사람들은 노방에서 외치거나 경전이나 소책자를 일방적으로 나눠주며 거룩한 신을 소개하지 않잖아요. 그 자체가 신을 모독하는 것이라고 생각해요. 그런데 크리스천들은 노방에서 예수님을 소개하고, 소개할 때도 서양식 찬양과 서양 악기를 동원해요. 여자들이 결혼 표시도 안하고 남자들과 몰려다니면서 노방전도를 해요. 그러면 힌두들이 크리스천들은 부도덕하다고 보잖아요.

마헨드라: 한 번도 생각해 보지 않은 질문이네요. 노방전도의 목적이 예수님을 전하는 것인데 서양식 방법을 동원해 힌두들을 자극했다면 그것은 다시 생각해 볼 문제네요.

일꾼: 또 한 가지 예를 들어 볼게요. 힌두 여자가 예수 믿은 후부터 결혼 표시도 안 하고 외국 용어를 사용하면 힌두들이 분노하죠. 미혼 힌두 여자가 예수님을 믿은 후 결혼할 때 인도 전통 옷이 아니라 서양식 웨딩드레스를 입으면 또 분노하죠. 여자가 흰 옷을 입으면 힌두들은 과부라고 생각하잖아요.
그러다가 죽으면 그게 순교일까요?

마헨드라: 그런 것들이 복음의 장애물이죠. 문화가 정말 달라요. 서양식 전도방법, 결혼 표시, 웨딩드레스 등 불필요한 것으로 핍박당하는 것이 사실이에요.

일꾼: 다시 처음 질문으로 돌아가면, 문화 때문에 분노한 힌두들한테 맞아 죽으면 그것이 순교인지 아닌지 모르겠어요.

마헨드라: 그렇네요.

일꾼: 또 한 가지 예를 들어 볼게요. 한 힌두 가정의 아들이나 딸이 예수님을 믿기 시작했을 때 외국인 선교사나 인도 교회가 그 사람을 빼내어서 자기들과 함께 살도록 하는 일이 지금도 일어나고 있잖아요. 그런 경우, 힌두 가족들이 분노해서 자신의 아들이나 딸을 죽이는 명예살인을 하고 있어요. 이슬람 사회에서도 그런 일이 있고. 그들이 화를 내는 이유는, 자신들의 자녀를 잃은 것과 자녀가 자신들의 공동체와 문화를 떠나는 것이잖아요.
만약 그냥 힌두 가정에 살게 하면서 기회가 있을 때마다 방문해서 조금씩 제자훈련을 시키면 해결될 수 있다는 문제죠. 힌두나 이슬람 문화에 적대적이지 않게 예수님의 증인이 되도

록 가르치는 거죠. 예수님 믿기 시작한 청년을 빼내 와서 핍박당하고 죽임을 당하면 그것이 순교인지 아닌지에 대해 제대로 해석해야 한다고 봐요. 빼내 와서 인도식이 아니라 서양식으로 믿게 하잖아요.

만약 부모한테 자녀들에게 참 스승인 예수님의 가르침을 소개해 준다고 하고 허락을 받으면 어떨까요?

물론 그런 요청을 할 때 인도문화를 잘 고려해서 요청을 해야죠. 외국용어를 피하고 참 스승이신 예수님을 제대로 소개하고 승낙을 받는 거죠. 그런데 크리스천들은 그런 과정을 생략하고 서양식으로 접근해 버려서 새 신자들이 핍박을 받고 있어요.

어떻게 생각해요?

마헨드라: 아, 정말 잘 생각할 문제네요. 예수님을 믿는 믿음 때문에 죽었는지 문화를 거슬러 죽었는지에 대해서.

일꾼: 물론 죽임 당한 당사자는 문화적인 것들을 몰라서 서양식으로 신앙생활을 하다가 죽었으니 하나님께서는 기뻐하시고 다 받아 주실 거라 믿어요. 저는 확실히 믿어요. 하지만 살아 있는 사람들은 죽은 사람을 어떻게든 평가해야 하잖아요. 순교자로 볼 것인지 아니면 순직으로 볼 것인지 아니면 사고사로 볼 것인지.

인간이 하나님처럼 모든 것을 완벽하게 판단할 수는 없지만 교회와 기독교 사회 안에 규정이란 것이 있으니 순교자를 제대로 결정해야 한다는 거죠. 그래야 제대로 예우를 하고 기억할 수 있으니까요. 순교 문제뿐 아니라 다른 문제도 다 지도자들이 모여서 규정에 맞는지 논의하고 결정하잖아요.

마헨드라: 듣고 보니 심각한 문제네요.

일꾼: 문화가 복음의 큰 장애물이라는 것을 다시 알 수 있어요. 한국도 그래요. 서양문화가 성경문화라고 생각해서 맹목적으로 쫓아가요. 한국의 복음주의 크리스천들이 인구의 16% 정도밖에 안되는데 마치 기독교가 국교라도 되는 것처럼 생각한다니까요.

마헨드라: 한국 교회가 쇠퇴한다고 들었어요. 슬픈 일이네요. 그래도 선교사들한테 후원은 아주 넉넉하게 해주는 것 같아요. 미국 선교사들보다 한국 선교사들이 더 잘 살아요.

일꾼: 사람마다 다르겠지요. 후원이 적은 사람들도 있고 많은 사람들도 있고.

마헨드라: 저를 위해 기도해 주세요. 지금 시험 기간이에요.

일꾼: 싸뜨 구루 예슈 지(참 스승이신 예수님), 마헨드라에게 복을 주셔서 그가 시험을 잘 준비하게 도와주세요. 그리고 졸업하고 나서 당신의 영광을 위해 사는 즉 당신을 전하는 삶을 살도록 도와주세요. 따타쓰뚜(그렇게 되기를).

두 갈래 길

Two Ways

부록 1

인도 카스트 소개

카스트를 이해하면 이 책과 인도를 이해하는데 도움이 된다.

카스트는 크게 네 개로 나눠지지만, 같은 언어를 사용하는 종족이라고 해도 문화적 장벽이 존재하면 또 하나의 카스트로 나눠진다. 예를 들어 보자. 북인도 비하르 주와 U.P 주에는 약 9천만 명(2014년)의 보흐즈뿌리 종족들이 살고 있다. 그렇지만 보흐즈뿌리 종족 가운데 같은 카스트라고 해도 비하르 주 사람들과 U.P 주 사람들은 다른 문화를 유지한다. 심지어 한 지역에 사는 최하층 카스트 가운데도 화장실 밖을 청소하는 사람들과 화장실 안을 청소하는 사람들 사이에는 거대한 문화적 장벽이 존재한다. 화장실 밖을 청소하는 사람이 안을 청소하는 사람보다 우월한 카스트인 것이다. 이런 식으로 수를 헤아리면 2천 개 이상의 카스트가 존재한다.

카스트(caste)라는 말은 포르투갈어 카스타(casta)에서 유래되었고 '색'이라는 뜻이다. 같은 뜻의 산스크리트어는 바르나(varna)다. 자띠(jati)라는 말은 직업별 카스트라는 뜻으로 사용된다.

카스트 제도는 인도를 침입한 아리안족이 자신들의 지배체제를 공

고히 하려고 피부색이 흰 자신들을 상류 카스트로 지정하고, 피부가 상대적으로 검은 인도 원주민들을 하류 카스트로 지정한데서 시작되었다. 그러나 사회가 복잡해지면서 카스트 간에 피가 섞이게 되었고 직업별로 수천 개의 다양한 카스트가 생겨났다. 특정 카스트는 특정 직업에만 종사했기 때문에 직업만 보고도 카스트를 추측할 수 있었다.

그러나 오늘날에는 피부색과 직업만으로 카스트를 구별하기 어렵다. 최고 상류 카스트인 브라민이 제사장이 될 수도 있고, 군인이 될 수도 있고, 상인이 될 수도 있고, 심지어 가난하고 문맹인 경우에 청소부가 될 수도 있다. 카스트를 알고자 할 때는, 인터넷에서 성(surname)을 찾아보면 정확히 알 수 있지만, 성을 모르는 경우 피부와 직업과 재산과 학력과 거주 지역을 모두 고려해서 추측할 수 있다. 즉 피부가 희고 사회적 수준(직업, 재산, 학력, 거주 지역)이 높을수록 상류 카스트일 가능성이 높다.

위키 피디아(2016년 6월)가 소개하는 통계(자료 출처: Center for the Study of Developing Societies, 2004 National Election Study. 2011 Census of India)를 보면 인도 인구 비율은 다음과 같다. 브라민 5%(2004), 크샤트리아와 바이샤를 합해서 21%(2004), 수드라 28%(2004), 불가촉천민 13%(2004), 부족민 13%(2004), 이슬람교 14.23%(2011), 기타 3.69%(2011). 인도 전체 인구는 약 12억8만 명(죠슈아 프로젝트, 2016)이다.

세 개 상류 카스트 중에서 크리스천은 약 0.3%다. 세 개의 카스트가 아직도 미전도 종족으로 남아 있는 것이다. 수드라(OBC) 중에는 약 4.7%다. 최하층인 지정 카스트(불가촉천민, Dalit)와 지정 부족 중에는

95%다(엘렌 알렉산더와 로빈 톰슨, 2011).

선교학자들과 지도자들은 불가촉천민과 부족은 예수님을 믿어도 사회에서 힘이 없어 상류 카스트들을 전도하기가 거의 불가능하기 때문에 불가촉천민과 부족을 대상으로 한 사역을 피하고 상류 카스트 대상 선교를 해야 한다고 주장한다. 선교학에서 카스트를 중요하게 다루는 이유는, 카스트마다 다른 언어 또는 문화를 유지하고 있어서 그에 적절한 접근법이 요구되기 때문이다.

1) 상류 카스트(Forward Castes): 브라민, 크샤트리아, 바이샤

(1) 브라민

인도 인구의 5%. 보통 종교와 교육에 종사하며 제사장과 학자가 많다. 특히 중소 도시나 시골에서는 막강한 영향력을 행사하고 있다. 델리 같은 대도시에서는 카스트뿐 아니라 부에 따라 권력이 이동하는 면도 보이지만 인도 국회의원, 고급 공무원, 교수 등 사회 지도층의 대부분이 브라민이고 그들이 자신들의 지위와 부를 유지하기 위해 자녀들의 학업에 엄청난 투자를 하고 있는 점을 고려해 보면 브라민의 위치가 약화되려면 상당한 시간이 흘러야 할 것이다.

(2) 크샤트리아(사회 제도와 안보를 유지. 주로 왕족, 군인)와 바이샤(생산 활동에 종사. 주로 상인, 농민, 수공업자)

두 카스트를 합해서 인도 인구의 21%.

2) 다른 하류 카스트(Other Backwards Castes)

*수드라

인도 인구의 28%. 주로 하인, 청소부, 잡역 등 육체노동에 종사한다.

3) 지정 카스트(Scheduled Castes)

인도 인구의 13%. 달릿(Dalit 또는 Harijan, 불가촉천민)이라고 한다. 사회에서 가장 낮은 일로 인식되는 가죽, 시체, 화장실의 변을 다루는 일에 종사한다. 인도 정부가 세금 혜택, 인도 공무원과 대학 신입생 수, 특별한 정부 계획, 정치 표현 등에 일정 비율을 지정하여 혜택을 주고 있다. 인도 정부는 카스트 간 불평등을 해소하기 위해 하류 카스트들을 위한 혜택을 법으로 정해 놓고 있다.

4) 지정 부족민(Scheduled Tribe)

인도 인구의 13%. 산간 지역이나 고립된 지역에 거주하고 문명이 더디게 발달했다. 지정 카스트보다 조금 더 많은 혜택을 누린다.

부록 2

추천 선교도서 11선

지금까지 독자들은 인도 크리스천들이 기독교문화와 힌두문화에 대해서 어떻게 생각하고 있는지를 알 수 있었을 것이다. 그리고 그들이 힌두들과 얼마나 분리된 채 살아가고 있는가도 인식했을 것이다.

그렇다면 그들이 어떻게 힌두들을 전도할 수 있을까?

이 질문은 인도 크리스천들뿐 아니라 외국인 선교사들에게도 해당되는 것이다. 사실 우리가 한국 또는 다른 나라에서 신앙생활하며 비기독교인과 얼마나 분리된 생활을 했었는가. 진리를 전하기 위해 비기독교인에게 늘 다가갔던 사람들도 있겠지만 그렇지 않은 사람들이 더 많을 것이다.

아래의 책들이 복음과 문화의 관계를 이해하고 비기독교인들에게 다가가는데 도움을 줄 것이다. 성경의 원리를 잘 풀어서 적용한 책들이다. 이론서도 있고 실제 현장 이야기도 있다.

1. 『인도의 길을 걷고 있는 예수』. E 스탠리 존스 지음. 평단. 2005.

1938년 미국 타임지는 스탠리 존스(1884-1973, 미국)를 '세계에서 가장 위대한 선교사'로 선정했다. 그러나 그는 처음에 인도에서 일하면서 복음과 문화의 관계를 깨닫지 못하고 성경, 서양문명, 그리고 보편적 교회에 대한 정확한 정의를 내리지 못한 채 혼란스러워 했다. 서양문명을 옹호하는데 열심을 다했다. 마침내 그는 서양문명에는 비성경적인 요소가 많고, 우리가 전해야 할 것은 서양문명이 아니라 '예수님'이라는 것을 발견했다.

이 책에는 다음과 같은 복음과 문화의 관계에 대한 다양한 주제가 실려 있다. 서구문명에는 '비기독교'적인 요소가 있다. 기독교와 예수가 같은 존재가 아님을 발견하다. 나는 '기독교'란 용어를 사용하지 않았다. 서구화와 기독교는 다른 것. 백인들이 갖는 '우월성'은 전혀 기독교적이지 않다. 백인들의 카스트 제도가 더 혐오스럽다. 그리스도가 힌두교의 유일한 희망이다. 예수와 함께 길을 걷고 있는 인도인들.

2. 『인도 선교의 이해』. 진기영 지음. CLC. 2015.

인도 선교의 특수성, 인도인의 신앙, 인도 선교 역사, 인도 선교방법론 등에서 보듯이 저자는 인도 선교에 관한 중요한 주제들을 다뤘다.

하나하나가 인도에서 일하는 일꾼들에게 좋은 정보다. 특히 "인도문화는 다 우상적일까 아닐까?"에 대해 고민하는 이들이 있다면 성경과 다양한 선교 방법론을 보며 문화에 대한 통찰력을 얻게 될 것이다.

한정국 선교사(KWMA 사무총장)는 "저자가 개신교 선교의 아버지인 우리들의 영웅 윌리암 캐리의 선교적 오류를 지적해, 자칫 영웅 숭배주의에 빠지기 쉬운 우리로 하여금 생각을 폭넓게 하고 올바른 균형을 잡도록 인도하고 있다"고 추천사에 썼다.

이 책은 인도 선교만을 위한 책은 아니다. 여기에 다룬 원리는 다른 문화권에서도 적용 가능하다.

3. 『1세기 관계적 교회』. 프랭크 비올라. 미션월드. 2006.

저자는 성만찬, 성직자제도, 건물 교회, 은사 사용, 성도 참여 등에 대해서 기존 교회의 문제점을 지적하고 성경적인 원리를 제공한다. 그가 주장하는 핵심은 가정 교회다. 특히 저자는 교회 구조에 대해 많은 관심을 가지고 있다. 그는 새 포도주는 새 가죽 부대에 넣어야 한다고 주장한다. 즉 교회

개혁운동을 쓰러져 가는 전통 교회에 적용할 것이 아니라 초대교회가 추구한 가정 교회를 통해서 실현해야 한다고 말한다.

이 책은 선교지에서 교회를 세우고자 하는 선교사들에게 교회 구조에 대한 도전을 준다.

4. 『김교신 평전』. 전인수. 삼원서원. 2012

점점 한국 교회뿐 아니라 세계교회의 주목을 받고 있는 김교신(1901-1945)은 생전에 성경 위에 조선교회를 세워야 한다고 주장하는 동시에 '조선산 기독교'와 '조선 김치 냄새나는 기독교'라는 표현을 썼다. 즉 그는 조선교회가 서양교회를 따라가서는 안되며 오히려 조선의 아름다운 전통(동양 전통)을 지키며 예수님을 믿어야 한다고 주장했다. 그는 조선교회가 서양교회를 지나치게 모방하는 것을 우려했다. 당시 그의 사상에 반대하는 전통 교단교회 목회자들이 많았지만 이제 그의 사상은 새롭게 평가받고 있다.

선교사에게 이 책이 중요한 이유는, 자칫 선교사들이 선교지에서 서양교회나 한국 교회를 세우는 실수를 할 수 있기 때문이다.

5. 『타문화 사역과 리더십』. 셔우드 G 링겐펠터. CLC. 2011.

저자는 타문화에서 효과적으로 지도력을 발휘하기 위해 문화인류

학, 리더십 이론, 신학 이론을 언급하며 예수님의 모습을 다뤘다. 많은 이론보다 더 감동적으로 다가오는 것이 바로 예수님의 삶이다.

이미 자신이 집필한 많은 책을 통해 타문화 학자와 실천가로 널리 알려진 저자는 선교사들이 타문화 훈련은 받지만 타문화 리더십 훈련은 거의 받지 않아서 실패한다고 말한다. 그는 타문화 사역에서 우리의 문화를 포기하고 사역 대상의 문화를 이해하고 배우면서 일해야 성공할 수 있다고 조언한다.

저자는 선교지에서 실제 일어났던 다양한 사역의 성공과 실패를 소개했다.

6. 『스타벅스 세대를 위한 전도』. 릭 리챠드슨. IVP. 2008.

우리가 알고 있는 전도법이 전부일까? 성령께서는 그런 방법만 사용하실까?

전도에 대해 오랫동안 고민하고 연구하고 적용해 온 저자는 '스타벅스 세대'에 맞는 새로운 전도법을 소개한다. 사실 그가 주장하는 방법은 예수님과 사도 바울이 사용한 것이다. 즉 '당신은 구원받았습니까?'라고 정죄하거나 '예수님은 당신을 사랑하십니다.'라는 이해되지 않는 말을 피하고 상대방의 상황을 이해하고 친구가 되라는 말이다.

친구가 되면 마음을 연다는 상식을 소개한다.

그러면 전도할 때 어떤 식으로 질문해야 할까?

'당신은 어떤 종교적인 배경을 갖고 있습니까? 그리고 그 종교는 지금 당신에게 어떤 의미가 있습니까?'

감동적인 다양한 전도 사례를 통해 선교사들도 자연스럽게 전도에 대한 소망을 품을 것이다.

7 & 8. 『인도에서 자전거 함께 타기 1. 2』. 이계절. 퍼플. 2013.(전자책과 종이책)

선교역사가 짧은 한국 출신의 선교사가 선교역사가 긴 미국인 선교사에게서 배우는 내용이다.

제1권 '선교사로 사는 이야기'에는 솔직하고 재미있는 이야기들이 넘쳐 난다. 흔히 들을 수 있는 단순한 간증 수준의 이야기가 아니라 '생각할 거리'를 풀어 놓고 있다.

제2권 '선교방법과 열매 사례'에서는 복음과 문화의 관계, 효과적인 언어학습법, 단기선교여행팀 안내법, 영성과 지성의 균형 등을 다루며 자신이 선교지에서 경험하고 고민하고 연구한 것들을 털어 놓는다. 특히 인상적인 것은 선교지 문화를 보는 눈이다. 선교지 문화가 다 우상적이므로 선교사는 선교지 문화를 늘 거부하거나 피해 다녀야 할까? 아니면 선교지 문화를 구속해서 복음 전도의 발판으로 사용하고 현지인 신자들이 그들의 문화 속에서 예수님을 믿게 해야 할까?

9. 『끝나지 않은 이야기』. 이계절. 밀알서원. 2014.

저자는 만국 공통어라 불리는 사랑을 소재로 그가 선교지에서 경험하고 갈등하고 깨달은 것을 펼쳐 놓았다. 독자들은 인도 서부 오아시스 마을 뿌쉬까르에서 신밧드의 1001 야화를 듣는 착각에 빠질 것이다.

소설 같은 이야기 속에 멤버 케어(선교사 돌봄) 부족, 미성숙한 지도력, 재정 의존성, 선교지 문화에 대한 무관심, 복음과 문화 구분 혼란, 그리고 구원의 확신 부족 문제가 들어 있다. 저자는 특별계시와 일반계시까지 접근한다. 그는 두 계시를 제대로 알아야 분별력 있는 사역을 할 수 있다고 말한다.

주인공 인도 청년이 반전의 매력을 선사한다. 선교사들이 그에게서 무엇을 배울 수 있을까?

10. 소설 『깊은 강』. 엔도 슈사쿠. 민음사. 2007.

기독교인으로서 평생 신과 구원에 대해 탐구한 『침묵』의 작가 엔도 슈사쿠의 걸작이다.

　　주인공 오쓰의 말이 선교사에게 많은 시사점을 준다.

　　"그들(서양 기독교인들)이 손으로 주물러 그들 마음에 맞도록 만든 사고방식이 동양인인 내겐 무겁습니다. 한데 어울릴 수 없습니다. 그래서... 매일이 힘겹습니다."

또 한 명의 주인공인 미쓰코도 말한다.

"이상한 사람. 일본인이잖아요. 당신은. 일본 사람인 당신이 유럽의 기독교를 믿다니. 난 오히려 아니꼬운 느낌마저 드는걸요."

　왜 일본사람이 기독교를 부담스러워하고 거부하는 걸까?

이 말은 서양 사람들이 예수님과 함께 들여온 문화에 대해 의구심을 품고 있다는 말이다.

기독교의 본질과 기독교인의 정체성에 대해 평생 고민한 작가의 세계를 탐험해 보자.

선교사들은 타문화 사람들이 기독교에 대해 어떻게 생각하고 있으며, 복음의 장애물이 무엇인지 깨달을 것이다.

11. 『퍼스펙티브스: 문화적 관점과 전략적 관점』. 예수전도단.

대표적인 선교학 이론서다. 복음과 문화의 관계, 그리고 선교 전략에 대한 많은 학자들의 깊이 있는 논문들이 실려 있다.

미국 풀러신학교를 비롯해 세계의 많은 신학교와 선교단체에서 이 책의 내용을 강의하고 있다. 쉽게 풀어쓴『익스포저』를 읽어도 좋을 것이다. 두꺼운 양을 읽기가 부담스럽다면 여러 선교단체가 제공하는 강의를 추천한다.

두 갈래 길

Two Ways

2016년 7월 5일 초판 발행

지 은 이 | 이계절

편　　 집 | 이현선, 김세아
디 자 인 | 이수정, 박슬기
펴 낸 곳 | 밀알서원
등　　 록 | 제21-44호(1988. 8. 12)
주　　 소 | 서울시 서초구 방배로 68
전　　 화 | 02) 586-8761-3(본사) 031) 942-8761(영업부)
팩　　 스 | 02) 523-0131(본사) 031) 942-8763(영업부)
홈페이지 | www.clcbook.com
이 메 일 | clckor@gmail.com
온 라 인 | 기업은행 073-000308-04-020, 국민은행 043-01-0379-646
　　　　　 예금주: 박영호(밀알서원)

총　　 판 | 사)기독교문서선교회
ISBN 978-89-7135-064-5 (03230)

* 낙장 · 파본은 교환해 드립니다.

이 도서의 국립중앙도서관 출판시 도서목록(CIP)은 서지정보유통지원시스템 홈페이지(http://seoji.nl.go.kr)와
국가자료공동목록시스템(http://www.nl.go.kr/kolisnet)에서 이용하실 수 있습니다.
(CIP제어번호: CIP2016014903)